JN230201

AI時代の人生戦略

「STEAM」が最強の武器である

成毛 眞

SB新書

375

はじめに

「私は文系人間だから、理数系の話は苦手」――などと言っていられない時代が、とうとうやってきた。

周りを見渡しても、私たちはサイエンスやテクノロジーに囲まれて生活していることは明らかだ。「人工知能」や「ロボット」、「ドローン」や「自動運転」などという単語は、一般の新聞や雑誌でも珍しくなくなっている。

そんな今、苦手だから、興味がないから、知らないからと、理数系の話を遠ざけるのは損である。というか、まったく危険だ。

遠ざけたければ、それも個人の自由だろう。だが近い将来、そのような人は職を失う可能性が高い。あらゆる仕事が、サイエンスやテクノロジーとかかわるようになるからだ。

仕事だけじゃない。生活全般とかかわるようになる。

たとえば、医療はますます自己責任の比率が高まっていく。同じ病でも治療法は多岐にわたり、その中から何を選択するかによって治癒の可能性が変わる。

それゆえにサイエンスやテクノロジーに無頓着であることは、命にさえかかわってくるわけだ。では、どうすればいいのか？

シンプルに言おう。ＳＴＥＭ＋Ａの「ＳＴＥＡＭ」を学べばいい。加えて、ＳＦも。

「？」

この時点では、何のことかわからないかもしれない。でも、まだ間に合うのでそれでもいい。

本書を読んでもらえれば、ＳＴＥＭ（ＳＴＥＡＭ）が何であるか、そして、なぜ大切なのかがわかってもらえると思う。そして、これからの人生に不可欠なＳＴＥＭ（ＳＴＥＡＭ）＋ＳＦを楽しく学ぶための本も紹介する。

もちろん、本だけから学ぶ必要はない。他にも学びの場はあるし、「学ぶ」などと肩肘を張らなくてもいい。

本書をきっかけに、これまではアンテナを立てることがなかった分野に敏感になれば、意識は一変する。その結果、思考も行動も変わるだろう。

思考が変われば、行動が変わる。
行動が変われば、習慣が変わる。
習慣が変われば、人生が変わる。

よく言われることだが、これは事実だ。最初の一歩を踏み出せば、遅くとも5年後には、とてつもない差となって現れるはずだ。その頃には、今以上に私たちの生活全般とＳＴＥＭ（ＳＴＥＡＭ）が密接になっている。

その頃になって学ぼうとしても、学ぶべきことが多すぎて、何をどこから学んだらいいのか、途方に暮れてしまうことだろう。

正直なところを言えば、今でも少し遅いくらいだ。まさに今が、ＳＴＥＭ（ＳＴＥＡＭ）に取り残されない人間になるための最後のチャンスである。

この機を逃すと、目も当てられない人生が待ち構えることにもなりかねない。

▼もくじ　AI時代の人生戦略「STEAM」が最強の武器である

第1章　これからはSTEMが必須

第2章 STEMとアート(A)が結びつく

第3章 〝今ある仕事がない世界〟がやってくる

STEM(STEAM)対談 × 鈴木寛(文部科学大臣補佐官)

第4章 学校では教えてくれないＳＴＥＡＭを学べ

第6章 残酷な10年後に備えて今すぐ読みたい本

終章 ゲームで遊ばないような奴に明日はない

第1章

これからはSTEMが必須

STEMを知っていますか？

さて、まずは「ＳＴＥＭ」という耳慣れない言葉から説明しよう。英語では「幹」という意味だ。

自転車好きなら、フレーム本体とハンドルをつなぐパイプ状のパーツをステムと呼ぶことをご存じだろう。ワイングラスの長く伸びた脚もステムという。

しかし今、ＳＴＥＭといえば教育用語として使われることが多い。「ＳＴＥＭ教育」という言葉としても使われている。

STEMとは、
サイエンス（科学）の「S」
テクノロジー（技術）の「T」
エンジニアリング（工学）の「E」
マセマティックス（数学）の「M」

――を並べた造語だ。

日本では「技術」と「工学」の区別は明確ではないが、技術はツールをつくること、工学はそのツールを活かす方法だと考えるといいだろう。

このSTEMという言葉を使いはじめたのは、「アメリカ国立科学財団」（NSF）とされている。

このNSFという組織は、アメリカ中の研究者や教育機関に、研究と科学教育のための資金を提供することを目的に1950年に設立された。今では年間約8000億円を大学などに配布しており、これまで160人ものノーベル賞受賞者を輩出してきた実績がある。

ちなみに、NSFが使いはじめた当初はSTEMではなく〝SMET〟とTとMが入れ替わっていた。

アメリカでは1990年代後半から当たり前のように使われてきた言葉だが、がぜん注目を集めるようになったのは、バラク・オバマが大統領になってからだ。

もともと教育問題への関心が高かったオバマは、STEM教育を重要な政策課題とした。

よく知られているように、アメリカでは人種間や所得階層間の教育格差が問題となっている。とくに近年は英語を話せない移民の子供たちが貧しい生活を強いられ、そのせいで十分な教育を受けられないことが顕在化している。

そうした状況を踏まえて、オバマ大統領は２０１２年11月に再選を果たすと、「ＣＮＮ」にこんな寄稿を発表した。

《変革とは、どんな年代の人でも、良質な職に就くための技能と教育を得られる国にすることだ。私たちは、銀行が数十年間にわたって学生ローンに過重な金利を課してきた状況を改め、大学に進学する数百万人の費用負担を軽減した。

今後は高技術、高賃金の雇用が中国へ流れないよう、数学と科学の教師を10万人採用し、コミュニティ・カレッジでは地域産業界がまさに今必要としている技能の訓練を、２００万人の労働者に提供する。》

アメリカがSTEM教育に力を入れるワケ

オバマ大統領の寄稿にある「コミュニティー・カレッジ」については、少し説明が必要だろう。

コミュニティ・カレッジとは、ハーバード大学やカリフォルニア州立大学のようなユニバーシティとは異なる、職業訓練に重きを置いた2年制の高等教育機関だ。

高校卒業後、コミュニティ・カレッジに進んでから就職する人もいれば、そこからユニバーシティに編入したり入学したりして学士の資格を得る人もいる。

そのコミュニティ・カレッジで、オバマ大統領が力を入れて教育すると名指ししているのは「数学」と「科学」、まさにＳＴＥＭそのものである。

オバマがＳＴＥＭ教育に本気になった原因は、２０１２年に行われた「ＯＥＣＤ（経済協力開発機構）生徒の学習到達度調査」（ＰＩＳＡ）で、アメリカのランキングが「数学的リテラシー（活用する力）」36位、「科学的リテラシー」28位、「読解力」24位と低迷したからだといわれる。

PISA2012調査における国際比較

●OECD平均値より上位のOECD加盟国

	数学的リテラシー	平均得点	読解力	平均得点	科学的リテラシー	平均得点
1	韓国	554	日本	538	日本	547
2	日本	536	韓国	536	フィンランド	545
3	スイス	531	フィンランド	524	エストニア	541
4	オランダ	523	アイルランド	523	韓国	538
5	エストニア	521	カナダ	523	ポーランド	526
6	フィンランド	519	ポーランド	518	カナダ	525
7	カナダ	518	エストニア	516	ドイツ	524
8	ポーランド	518	ニュージーランド	512	オランダ	522
9	ベルギー	515	オーストラリア	512	アイルランド	522
10	ドイツ	514	オランダ	511	オーストラリア	521
11	オーストリア	506	ベルギー	509	ニュージーランド	516
12	オーストラリア	504	スイス	509	スイス	515
13	アイルランド	501	ドイツ	508	スロベニア	514
14	スロベニア	501	フランス	505	イギリス	514
15	デンマーク	500	ノルウェー	504	チェコ	508
16	ニュージーランド	500	イギリス	499	オーストリア	506
17	チェコ	499	アメリカ	498	ベルギー	505
18	フランス	495				
	OECD平均	494	OECD平均	496	OECD平均	501

世界に冠たる超大国アメリカにして、高校生の能力は下から数えたほうが早いほど低い順位にあったのだ。

オバマ大統領がSTEM教育に力を入れたがったのも、理解できるのではないだろうか。

●OECD平均値より上位の国・地域

	数学的リテラシー	平均得点	読解力	平均得点	科学的リテラシー	平均得点
1	上海	613	上海	570	上海	580
2	シンガポール	573	香港	545	香港	555
3	香港	561	シンガポール	542	シンガポール	551
4	台湾	560	日本	538	日本	547
5	韓国	554	韓国	536	フィンランド	545
6	マカオ	538	フィンランド	524	エストニア	541
7	日本	536	アイルランド	523	韓国	538
8	リヒテンシュタイン	535	台湾	523	ベトナム	528
9	スイス	531	カナダ	523	ポーランド	526
10	オランダ	523	ポーランド	518	カナダ	525
11	エストニア	521	エストニア	516	リヒテンシュタイン	525
12	フィンランド	519	リヒテンシュタイン	516	ドイツ	524
13	カナダ	518	ニュージーランド	512	台湾	523
14	ポーランド	518	オーストラリア	512	オランダ	522
15	ベルギー	515	オランダ	511	アイルランド	522
16	ドイツ	514	ベルギー	509	オーストラリア	521
17	ベトナム	511	スイス	509	マカオ	521
18	オーストリア	506	マカオ	509	ニュージーランド	516
19	オーストラリア	504	ベトナム	508	スイス	515
20	アイルランド	501	ドイツ	508	スロベニア	514
21	スロベニア	501	フランス	505	イギリス	514
22	デンマーク	500	ノルウェー	504	チェコ	508
23	ニュージーランド	500	イギリス	499	オーストリア	506
24	チェコ	499	アメリカ	498	ベルギー	505
25	フランス	495			ラトビア	502
	OECD平均	494	OECD平均	496	OECD平均	501

※■は非OECD加盟国

ＳＴＥＭ人材が１００万人増？

オバマ大統領がＣＮＮに寄稿する半年ほど前、「大統領科学技術諮問委員会」（ＰＣＡＳＴ）は、「Engage to Excel. Producing One Million Additional College Graduates with Degree in Science, Technology, Engineering, Mathematics」というタイトルのレポートをまとめている。

日本語訳すると「ＳＴＥＭの分野で学位を持つ人材を１００万人増やすことを目指す」というタイトルである。

ＳＴＥＭ人材を１００万人増やすため、どのようなとり組みをしようというのか。かいつまんで紹介すると、こんなところだ。

教員の育成／教育プログラムを表彰するアワードの設立／教育の内容を評価する仕組みの整備／大学１・２年次のＳＴＥＭ教育を強化できるように助成金を整備／数学に重点を置いた補習講座への資金援助／高校生を対象にしたＳＴＥＭプログラムへの

資金援助

——と、じつに多岐にわたる。

このレポートがまとめられたのは２０１２年で、ＳＴＥＭ人材１００万人増は5年計画とされていた。

順調にいけば２０１７年には、ある程度の成果が現れることが期待される。

危機感が募るニッポン

先ほど紹介した２０１２年のＰＩＳＡでの日本の順位は、科学的リテラシー4位、数学的リテラシー７位、読解力4位だった。

最新の２０１５年の結果で、日本は科学的リテラシーが2位、数学的リテラシーが5位に順位を上げたが、読解力は8位に下げている。いずれにしてもアメリカに比べると、だいぶマシだ。しかし、安心してはいられない。

上位はいわば都市国家が多いから、日本はさほど心配することはないかもしれない。

少なくとも日本の科学リテラシーは、欧米諸国よりも高い。

だが、数学的リテラシーでは台湾、シンガポール、マカオも、日本の上位にいることを見逃してはならない。

日本はPISAで過去、かなり危機感をあおられたこともあった。

PISAは3年ごとに調査されるのだが、2003年の調査では6位だった数学的リテラシーが、2006年には10位、2009年も9位にとどまって、韓国やフィンランド、リヒテンシュタインの後塵を拝した。読解力では、2003年が14位、2006年が15位で韓国、オーストラリア、フィンランド、スイスなどを下回った。

この体たらくは〝PISAショック〟と呼ばれ「ゆとり教育」の弊害とも指摘された。ゆとり教育は、1980年度から2010年度まで行われ、それまでの「詰め込み教育」を否定した文字通り〝ゆとりのある学校教育〟のことである。

そうは言っても、ゆとり教育のせいでPISAの順位が下がったのかどうか、因果関係は不明だ。この世代はクリエイティブな人材を輩出しているので、私自身はゆとり教育に否定的ではない。

しかし、単にクリエイティブな人材だけで経済は成り立たない。クリエイティブであるにしても、そこに科学的根拠は必要になる。そうでなければ、ただの〝独創的な思いつき〟になりかねない。

実際にはつくれない建物ばかり設計する建築士や、科学的にあり得ない永久機関の開発に対して〝クリエイティブ〟にとり組む人は、その情熱を他に注ぐべきだろう。

とくに、資源に恵まれず頭脳勝負を求められるアジアで生き抜こうとする人材には、しっかりと開発、設計、製造までを見通せる力が求められる。

人工知能やロボットを使う側・使われる側

「国際数学・理科教育調査」（TIMSS）というものもある。

これは「国際教育到達度評価学会」（IEA）による小学4年生と中学2年生を対象とする調査だ。

これによると、2003年の中2の数学で日本は46か国中5位、中2の理科は46か国中6位となっている。2007年は中2の数学で48か国中5位、中2の理科で48か国中3位と、以前の順位と比べて急降下しているわけではない。

ＰＩＳＡの試験対象は15歳3か月から16歳2か月の生徒だが、やはりゆとり教育がティーンエイジャーの数学力、理科力を奪ったとは言い切れないことがわかる。

そもそも、ゆとり教育以前にも以降にも〝理数系が苦手な大人〟はたくさんいる。自分が理数系が苦手であるがゆえに「女子生徒にサインコサイン（つまり三角関数）は不要」と発言する九州の某知事、「二次方程式は社会に出ても、なんの役にも立たないので、こんなものは追放するべきだ」と主張する某作家などが出てくるのは、功成り名遂げた老人たちが巧みな処世術や妄想で生きてきた証だ。

三角関数なかりせば、測量はもとよりテレビゲームもつくれない。二次方程式が解けなければ、宇宙開発など夢のまた夢である。

それ以前に数学は、ものごとを理知的・論理的に考える力を養ってくれる。作家はともかく、感性で地方自治を行われたのでは、たまったものではない。災害対応など、じつに不安になってしまう。

ともかく、三角関数も二次方程式もわからない人が、これから急速に社会に浸透してくる人工知能（ＡＩ）やロボットを「使う側」に回れるとはとても思えない。

あなたはＡＩに「使われる側」になりたいだろうか？

諸悪の根源は私立大学の受験

日本における教育の問題は、学校で数学や理科をどう教えているかというよりも、理数系に弱い大人による社会全体の洗脳にあると私は思っている。その洗脳が、理数系に対する子供たちの好奇心をスポイルしているのだ。

水に「ありがとう」と声をかけると、氷になったときの結晶がきれいになるとか、トルマリン（電気石）は人体にいいとか、血液型によって性格が変わるとか。そういった言説をうのみにすることにもつながってしまう。

これまでは、こうした理数系のリテラシー不足が、バカバカしくとも微笑ましいエピソードとして見なすこともできなくはなかった。

しかし、ＡＩやロボットの普及によって社会が急速に変わる局面においては、誤った職業を選択し、人生を踏み外してしまうことにもなりかねない。

幸いに理数系に弱い大人による悪影響を受けなくても、日本では高校で理数系科目を諦めてしまう生徒がとてつもなく多い。

諸悪の根源は、私立大学の受験システムにあるかもしれない。

私大を経営するうえで入学検定料収入、つまり受験料収入は無視できない。それどころか、なくてはならない収入源となっている。

受験料収入は都内のある伝統校で40億円超にのぼる。3万5000円という高額な受験料を支払う受験生が、たった1校だけで延べ十数万人もいる計算になる。

私大文系の多くは受験料収入を増やそうとするため、受験のハードルを下げて、より多くの受験者を獲得しようとする。受験する学科によって差はあるが、多くの私大では数学を必須科目にしないことでハードルを下げているのだ。

多くの学生が進路について真剣に考えはじめる高2の段階で、受験科目に数学のない学科を受けようと決めると、三角関数までは勉強するが、それ以降はほとんど数学に接することはなくなってしまう。

その先に長い人生が続くにもかかわらず、17歳の時点で数学と縁を切ってしまうのは、大きな機会損失になる。

大手予備校の浪人生向けのカリキュラムを見てみると、私大理系向けより、私大文系向けのクラスが圧倒的に多い。

これは多くの学生が受験科目を減らすため、理系学部を避けているからでもあるだろう。しかし、じつは数学的才能や工学的興味を内在している学生も多くいるはずなのだ。ところが今の受験システムは、その才能や興味を高2の時点から摘みとってしまっている。

これは個人にとっても日本という国家においても、あまりに残念な機会損失ではないか。

理系センスを磨け

話はかたくなるが２０１５年の夏、突如として国立大学の文系学部廃止論が話題になった。その発端となったのは、文部科学省が同年6月に公表した「国立大学法人等の組織及び業務全般の見直しについて」という文書だった。

その文書には文学部に代表される人文科学系学部・大学院と、法学部や経済学部に代表される社会科学系学部・大学院、そして、教員養成系学部・大学院についてこう書かれている。

《「組織見直し計画を策定し、組織の廃止や社会的要請の高い分野への転換に積極的に取り組むよう努める」》

つまるところ文系学部・大学院は廃止し、他の分野に力を入れよということを言っている。これは、〝理数系教育の強化〟と受け止めることもできるが、私としては、理数系的センスを磨く教育を、学校の内外で強化すべきだと思う。

それは、周期律表を暗記するような学習だけを意味するのではない。

もちろん、化学薬品の開発にかかわるような仕事をする人には暗記が求められるだろう。しかし、化学薬品とは無縁の仕事をする人も、せめて周期律表のあの並びにどんな意味があるのか、または意味があってあの順番で元素が並んでいることくらいは教養として知っておかなければまずい。

少なくともレアメタルなどの希少元素の名前を知らないと、先端テクノロジーである各種のセンサーや磁石、触媒などの情報をキャッチすることができないのだ。

実感してから理解する

２０１５年のＰＩＳＡでは、科学についてのアンケートで「学んでいる時はたいてい楽しい」と答えた日本の生徒は49・９％。ＯＥＣＤ加盟国の平均62・８％に比べると大きく下回っている。

大切なのは実体験して、実感してから理解すること。「どうしたらいいか」を実体験して気づくと、その根源を知りたくなるし、調べてみたくなる。「トップダウン教育」と呼ばれる、これこそが自律的な学習である。

そもそも英語のスタディ（study）は、ラテン語のストゥディウム（studium）に由来している。その意味は「好奇心をもって没頭する」ということ。これは勉強だけでなく、仕事や人生においても大切なことだろう。

数学であれば、まず教室でカップに注いだコーヒーをスプーンでかき回して、そこにクリームをたらしてみる。すると、コーヒーに白い渦ができるだろう。

この事象をきちんと理解するためには、流体力学や位相幾何学（トポロジー）などの知識が必要になることを教える。

さらに、それらの原理を理解するためには微積分が必要であり、微積分の基礎としての加減乗除（加法と減法と乗法と除法）が必要だと教える。

除法であれば、今は3桁の割り算ができるようになってなければならないという理由づけをする。つまり、まずはシンプルな事象に興味を持たせ、その事象を理解するために必要なことを教えるというアプローチだ。

すべての生徒がこれだけで学習の動機づけをされるとは限らないが、少なくとも数学は何かの役に立つということだけでも理解できればいい。

「ブラタモリ」にみる自律的な学習の本質

最近、私の周りでは凸凹地形や坂などにうるさい人間が増えている。何のことはない、ＮＨＫ「ブラタモリ」の影響だろう。

タモリさんがあちこちを訪れ、地元の専門家に地形を示され「こうなっているのはなぜだと思いますか？」と聞かれ、謎解きをする。

タモリさんはさまざまなことに造詣が深いので、ほぼ当ててしまうのだが、そのように目の前の事象を見ながら、疑問を提示され、自分で考え、その答えを専門家に解説してもらうと、深く納得できるし、忘れない。

「ブラタモリ」は地学（地球物理学）と郷土史（歴史学）を同時に学習する番組に仕上がっている。学校教育も大人の学びも、この方向にするとよいのかもしれない。

子供に対してもサイエンスと歴史などを同時に教えたらいいと私はずっと思ってきた。たとえば、北アジアの遊牧騎馬民族「フン族」の大移動だ。気候変動によって民族移動が起こり、それによって多くの戦いが引き起こされたとされる。

たとえば1815年に起こったインドネシアのタンボラ山噴火。噴火規模は過去1600年で世界最大だった。結果的に1816年は、世界的に夏のない年になった。あまりの寒さにスイスで休暇をとっていたイギリスの小説家たちは、家に引きこもって恐怖小説の競作で遊んでいた。そこで生まれたのが「フランケンシュタイン」と「ヴァンパイア」だったのだ。

このように自然現象と文明や文化には深いつながりがある。しかし、その後の人類が生み出した科学技術は自然現象以上のインパクトを与えつつある。

数百年後の歴史学者は、ＡＩやロボットをフン族の大移動やタンボラ山噴火になぞらえて理解しているかもしれない。

私がＳＴＥＭを強調する理由はそこにある。

第2章

STEMとアート(A)が結びつく

古典よりも現代アートでデザイン戦略

今やアメリカの教育界でＳＴＥＭは常識になっているが、これに「Ａ」を加えた「ＳＴＥＡＭ」という言葉も生まれている。Ａはアート（芸術）のＡだ。

一方でビジネス界では「デザイン戦略」という言葉が、当たり前のように使われるようになってきた。平たく言うと、〝カッコいい商品をつくるにはどうするか〟ということ。過去に言われてきたデザイン戦略とは少し意味合いが違っている。

現在のデザイン戦略は、顧客とのコミュニケーションや仕事の進め方そのものもデザインすべきだという考え方に基づいている。そのためにフローを再構築することを意味している。

さらに、これまでは設計や製造に押されがちだった商品やサービスのデザインを、よりデザイン優位で見直すという意味合いも含んでいる。

このとき、デザインをする側はＳＴＥＭを理解している必要があるし、ＳＴＥＭを専門としている人は、Ａ（アート）を理解しなければならないだろう。

アートをより身近にするには、ＳＴＥＭに対するのとは別のアプローチが必要だ。私は古いものより新しいもの、古典より現代の作品に触れるほうがいいと思う。中高年が何時間も行列をつくっている古典作品の展覧会に行くのなら、比較的空いている美術館やギャラリーでゆったりと現代アートに触れるほうをおすすめしたい。

現代アートには「インスタレーション」（空間芸術）という表現方法がある。１９７０年代からはじまったインスタレーションでは、空間そのものを作品にする。古典芸術に比べるとインスタレーションは、現代人の心のより深いところにある潜在意識を刺激すると私は思っている。だから、自分の潜在意識にある革新的なアイディアを表面化することに役立つ。

切っても切り離せないアートとテクノロジーの進化

抽象的な作品が多い現代アートだが、一方で写実的にもなってきている。

千葉市にある「ホキ美術館」は、日本初の写実絵画専門の美術館だ。館内は、離れて見るとまるで写真のようだが、近づくと丁寧な筆づかいが見てとれる絵画で埋め尽くされている。

いわばむき出しの描画技術は、どこかでテクノロジーにつながっているようにも思えるのだ。

先日、静岡県の長泉町にある「ヴァンジ彫刻庭園美術館」で開催された『生きとし生けるもの』展を訪れたときも、そう実感した。

1978年生まれで、独学で彫刻の技術を習得し、独創的な彫刻作品を制作し続けている橋本雅也さんは、スイセンやアヤメの、じつに生き生きとした彫刻を出展していた。それらの作品の素材は、鹿の骨や角である。

骨や角の加工は、はるか昔から人類がやってきたことだが、橋本さんの写実的な再現力は過去の作品と比べようがないと感じた。

その力量もさることながら、鹿の骨や角を加工する手法が豊かになったことが、こういった作品を生むひとつの要因になっている。

そもそもアートとテクノロジーの進化は、切っても切り離せない。

14世紀のイタリアに端を発したルネサンスは、ギリシャ・ローマ文化を復興させようという運動だった。それを支えたのが印刷技術である。

15世紀半ばにヨハネス・グーテンベルクが活版印刷を発明すると、それまでに比べて容易に、かつ低コストで文字の印刷ができるようになった。

これがルネサンスで注目されていた古典の翻訳、そして聖書の広い普及に貢献した。活版印刷なかりせば、ルネサンスは早々に尻すぼみになっていたかもしれない。

19世紀末から20世紀初頭にかけては、ヨーロッパを中心とする美術運動「アール・ヌーヴォー」が盛んになった。

これは新しい金属やガラスといった素材と、従来からある石や木のような素材との組み合わせを試みたものだった。

この時期は蒸気機関がそれまでの動力にとって代わり、産業が効率化した。それによって富をなした人びとが芸術に関心を抱き、アール・ヌーヴォーを支えた。

ところが第一次世界大戦が、その流れを変えてしまった。

アール・ヌーヴォーは、戦時下にはあまりに装飾的だった。それがより新しい素材、幾何学的なデザインを多用した「アール・デコ」を誕生させる。

アール・デコとコンピュータ・グラフィックス

戦争とテクノロジーも、切っても切り離せない。

人類同士の戦といえば、太古は白兵戦しかなかった。敵の陣地に徒歩あるいは馬に乗って攻め入り、陣地を奪っていた。

その戦い方が、産業革命で変わった。飛行機で攻撃するようになり、戦場は平地から空を含めた3次元の世界に突入したのだ。

さらに時代が進み、軍事技術を開発するアメリカの機関「国防高等研究計画局」（DARPA）が開発したインターネットが民間に公開されると、戦場はリアルな空間からサイバー空間へと移行した。いわば4次元化したのだ。

もちろん、リアルな空間での戦いがなくなったわけではない。今も飛行物体による攻撃は行われている。

ただし、その飛行物体に人は乗っていない。やはりアメリカ空軍によって基礎がつくられたGPSを活用し、無人機が目的地まで飛んで攻撃している。

話をアートに戻そう。アール・デコは、工業の発達による大量生産文化とも相性がよかった。

そしてアール・デコは、それまでは生活にアートやデザインをとり入れる余裕がなかった大衆層に歩み寄った。

今では、映画にコンピュータ・グラフィックス（CG）が使われるのは当たり前になった。CGが使われていない映画があれば希少価値があるくらいではないか。

ここまでCGが当たり前になったのは、コンピュータの処理能力が格段に上がったからに他ならない。

「Perfume」「BABYMETAL」「OK Go」現代アートの魅力

PerfumeやBABYMETALのライブでは、立体物や平面に映像を映し出す「プロジェクションマッピング」が、これもまた当たり前のように使われている。こうしたアート表現もテクノロジーの進化があったからこそできることだ。

アメリカのロックバンド、OK Goのミュージックビデオ（ＭＶ）は、まさにテクノロジーの現状をアートとして見せている。

OK Goを知らない人は、ユーチューブにオフィシャルビデオがアップされているので、ぜひ「I Won't Let You Down」や「Upside Down & Inside Out」のＭＶを見てほしい。前者は小型無人飛行機「ドローン」でダイナミックに撮影したもので、後者は無重力状態の航空機内で撮影したものだ。

ＣＧの世界に実写が追いついたような感さえある。これを逆手にとったアートが、今後さらに生まれてくることだろう。

こういったものを見ると、私が古典より現代のアートに触れることをすすめる理由がわかってもらえるのではないだろうか。

古いものを懐かしがるのは、年をとってからすればいいことだ。

PerfumeやBABYMETAL、OK Goの舞台やＭＶをつくるのはどんな人なのか、想像してみたい。

アートのことがわからない人には務まらないだろう。そして、最新のテクノロジーに無関心な人にも無理だろう。

ＳＴＥＭにＡを加えたＳＴＥＡＭを身につけることは、職を失わないための必要条件でもあり、仕事で最高のクリエイティビティを発揮するための十分条件でもある。

イノベーターへの第一歩

ＳＴＥＡＭを身近なものとしてとらえることは、「イノベーター」への第一歩でもある。

ここでいうイノベーターとは、故スティーブ・ジョブズのように新しい商品やサービスを生み出す人のことではなく、マーケティングにおける「イノベーター理論」で説かれている消費者の分類だ。

アメリカの社会学者、エベレット・Ｍ・ロジャースが１９６２年に提唱した理論なので、かなり古いものだが、現代に当てはめてみても十分に的を射ている。

その内容を紹介してみよう。イノベーター理論では、消費者を以下の５つに分けて説明している。

◎イノベーター（innovators）

新しいものを進んで採用する人

◎アーリー・アダプター（early adopters）

流行に敏感でイノベーター以外の層への影響力が大きい人

◎アーリー・マジョリティ（early majority）

平均よりは早く新しいものをとり入れる人

◎レイト・マジョリティ（late majority）

アーリー・マジョリティよりは遅れる人

◎ラガード（laggards）

流行に無関心で保守的な人

この5分類の比率はそれぞれ、2・5％、13・5％、34％、34％、16％となっている。このうち、アーリー・アダプターとアーリー・マジョリティの間には深い溝があると指摘したのはジェフリー・A・ムーアだ。

そして、アーリー・マジョリティへも商品やサービスを届けられるようになること

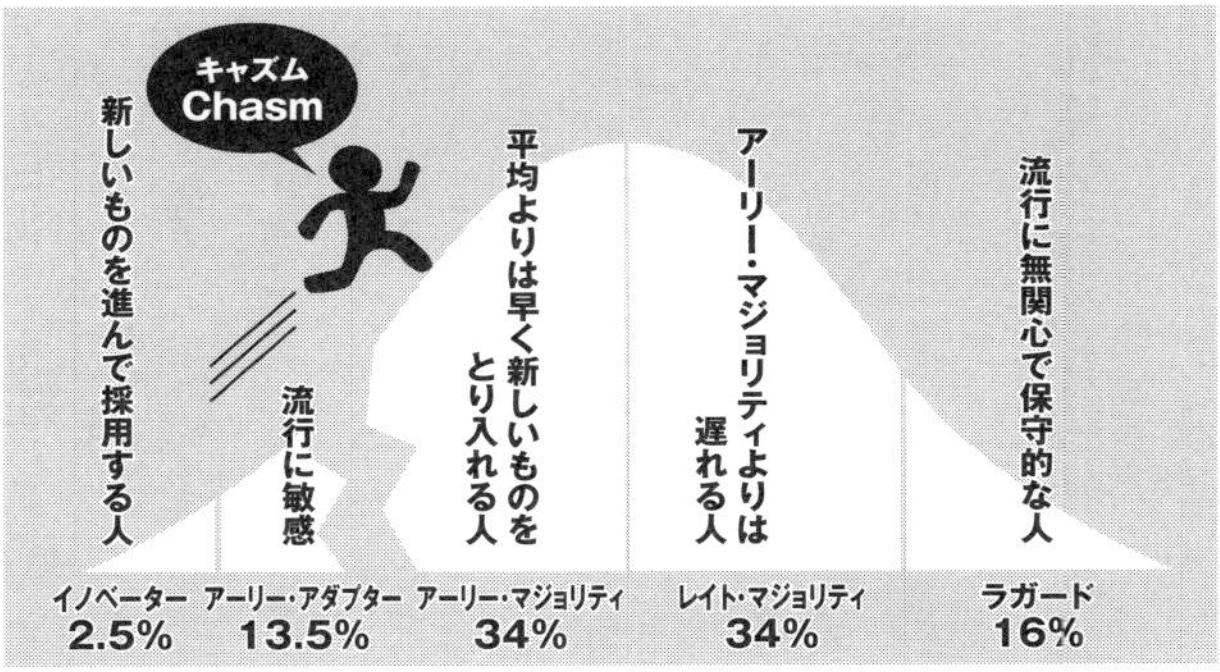

を「キャズム」を越えるという。

今、フェイスブックなどのSNSを見ていると、多くの人が自分の身の回りのことや好みについて情報発信しているが、どの話題にどのタイミングで触れているかで、その人がイノベーター理論の5つの消費者分類のうち、どこに属するかが、だいたいわかる。

私自身は完全にイノベーターだという自覚があるが、仮に自分がイノベーターでなくても、他の誰がイノベーターなのかはわかる。

ホリエモンこと堀江貴文氏がSNS（交流サイト）で多くの人びとにフォローされているのは、彼がイノベーターであることを皆が知らず知らずのうちに認めているからだろう。

イノベーターになりたいからといって、新しいテクノロジーを駆使した製品を何でも買う必要などない。世に存在するそれぞれのイノベーターたちの感想などをSNSで知るだけでも十分にイノベーター足り得る。

逆に言うと、新しい概念や変化を嫌うラガードな人びとをフォローしてはならない。いつも自分をアップデートするためには、ちょっとした努力が必要になるのだ。

第3章

〝今ある仕事がない世界〟がやってくる

あなたの仕事は近い将来なくなるかも

かつて、電話の黎明期には「電話交換手」という仕事が存在した。「電話交換機」というものが発明されるまで、電話をかける側と受ける側は、人の手によって手動でつながれていたのだ。それを担っていたのが電話交換手である。

その時代、電話をかけるときにはまず電話交換手を呼び出し、「〇〇〇番につないでください」と依頼していた。すると電話交換手は、その番号のソケットにプラグを差し入れる。このように人間が介在しないと、電話で話ができなかったのだ。

今やその職業は、死語としてしか残っていない。

英文の写真サイト「Damn Cool Pictures」(http://www.damncoolpictures.com/)に「Jobs That No Longer Exist」と題されたページがある。「もう存在しない仕事」とでも訳せばいいだろう。

そこには電話交換手と並んで、ボーリングのレーンにピンを並べる仕事、外から寝室の窓をたたいて寝ている人を起こす仕事、凍った湖の氷を切り出す仕事、何やら巨大なものを耳にあてて迫りくる敵をいち早く察知する人間レーダーの仕事、伝染病を媒介するネズミを捕らえる仕事、ガスランプだった街灯に火をともす仕事、牛乳配達員、筏《いかだ》に乗って丸太を運ぶ仕事、死体盗掘人、工場で働く労働者のためにBGMのように本を読み上げる仕事……などが列挙されている。

これらのうち、かろうじて残っているのは牛乳配達員と死体盗掘人くらいなものだろう。牛乳配達員は「ヤクルトレディ」に姿を変え、今も活躍しているとも言える。

話は横にそれるが、〝ヤクルトが日本最大の保育園〟だということをご存じだろうか。子供のいるヤクルトレディのために、各営業所などに保育施設が付属しているのだ。その数およそ1200か所。施設によってはヤクルトレディやヤクルト社員以外の子供も預かってくれるそうだ。

話を戻そう。

死体盗掘人のほうは、中国の田舎では今も存在するという。未婚で亡くなった男または女のため、異性の死体を掘り起こして2人を並べて再び埋めるのだという。

これは生者と死者に別れた異性同士の結婚という意味で「陰婚」という。その文化に慣れていない身にとっては薄気味悪くも感じられる話だが、伝統文化なのだから非難には当たらないかもしれない。
ともあれ、ここ200年ほどの間に、かつて栄えた多くの仕事が失われた。

サイエンスとテクノロジーがわからないと、この先ヤバイ

牛乳配達員と死体盗掘人以外の仕事は、すべてテクノロジーによって代替された。ボーリングのピンは自動で並び、朝は目覚まし時計が、いや最近ではスマホのアラームが起こしてくれる。

氷は湖から切り出さなくても、冷凍庫でつくられる。キューブ型に仕切られた製氷機に水を注ぐ必要すらなく、勝手につくられるようになって久しい。

人間レーダーは、もちろん高性能なレーダーにとって代わられた。

伝染病の媒介であるネズミは、都市の衛生環境が好転したことで減った。ごみ処理技術の進歩が大いに貢献している。ネズミがいなくなったということは、その都市がテクノロジー化したということなのだ。

街灯はすべて電灯になり、周囲が暗くなったら自動制御でスイッチが入る。丸太は大型トラックで運ばれるし、本の読み上げはラジオやスマホに任せておけばいい。

現代を生きる人にとって「そんな仕事、なくなって当たり前でしょ」としか思えない仕事が、堂々と通用していた時代があったわけだ。

これを昔話と笑ってはいられない。

今ある仕事でも、この先数年の間にテクノロジーによって代替されるものがたくさんある。あなたの仕事がAIやロボットに奪われるう可能性は十分にあるのだ。

近未来を見据えてサイエンスやテクノロジーに関心を払わないでいると、街灯が電気化される前日に、ガスランプに火をともす仕事を選択するような悲劇に遭遇しかねない。

もしかすると、その昔であれば仕事がなくなっても別の仕事が簡単に見つけられたかもしれない。まだまだ機械化が進んでおらず、人手が圧倒的に不足していたからだ。

残念なことに今では、誰でもできるような仕事はすでに機械に置き換わっているか、機械代と維持費程度の安い給与しか得られなくなっている。

農家のつもりがIT専門家に

どこでどのようなシステムがつくられ、どのようなテクノロジーが求められているかがわかれば、自分の能力や才能を、これまでは考えられなかったような分野に売り込むことができる。

たとえば、「クオンツ」と呼ばれる人たちがそうだ。

彼らは数学や物理の博士号を持ちながら、大学教授や研究者の道を選ばず、金融の世界に飛び込んだ。少し前の時代なら変わり者扱いされていたかもしれないが、今や当然の存在になっている。

彼らは株式や債券の値動きを粒子の動きに見立てたり、確率分布グラフにして将来価格を予測したりして、最適な取引方法を算出する。カオス理論や複雑系など、まさに最先端の知識と知恵を利用するのだ。このことは『ウォール街の物理学者』（早川書房）に詳しい。

その逆も十分に考えられる。

食品業界で働いているつもりが、いつの間にか素材メーカーに勤めていることになったり、農家のつもりがＩＴの専門家になっていたりということが、この先十分にあり得るのだ。

味の素といえば調味料国内最大手として知られるが、じつは調味料だけでなく生活習慣病の医薬品や飼料もつくっている。

写真フィルムで有名だった富士フイルムは医薬品や化粧品を、大日本印刷はディスプレーパネル用の部品や清涼飲料水までつくっている。

民放キー局ＴＢＳの営業利益は、放送事業より不動産事業のほうが大きい。不動産「赤坂サカス」が収益の柱になっているのだ。

転職などしなくても、社内のちょっとした人事異動で携わる領域が激変する時代なのである。この流れは、さらに加速していく。

グローバルな市場競争で生き残りをかける企業は、新たな収益源となるビジネスを創造し続けているのだから、それは当然のことなのだ。

企業は生き残っても社員は没落する

突然だが、「セルロースナノファイバー」（ＣＮＦ）というものをご存じだろうか。

カーボンファイバー（炭素繊維）の存在は、多くの人が知っているだろう。航空機の構造部材、ロードバイクのフレーム、ゴルフのシャフト、テニスラケットや釣り竿などにも使われている、あの素材である。

ＣＮＦは木材などの植物繊維をナノ（10億分の1）メートル単位にまでほぐした超極細繊維だ。重さは鋼鉄の5分の1でありながら強度は5倍以上あり、炭素繊維より軽くて丈夫な〝ポスト炭素繊維〟とされる植物由来の新素材である。

日本中で生育している杉が原材料になるので、国内で量産可能な数少ない「資源」とも言える。

そんなＣＮＦは、旅客機の内装材や自動車の外板材などの構造部材、コンクリートに練り込んで土木用途、強い紙の材料などにも使える。

植物由来だけに安全な素材なので、その透明な増粘性を活かして食品や化粧品への応用も考えられている。

すでに三菱鉛筆はＣＮＦを配合したインクを採用したボールペン「ユニボール シグノＵＭＮ－３０７」で実用化を果たしている。ＣＮＦをインクの増粘剤として使うことによって、従来のインクより流動性が高まり、書き味がよくなっている。

ＣＮＦの将来的な市場規模は１兆円ともいわれ、製紙、建設、自動車、食品、化粧品、電子部品など、さまざまな業界の企業が実用化に向けて本格的にとり組んでいる。

おもな企業の動きは、次ページの表にまとめた。

このリストにある企業の全社員がＣＮＦのことを知っているかというと、そんなことはない。

自分の仕事の範囲を自ら規定し、そこだけを見て仕事をしているような人は、会社が、そして社会がどの方向へ動こうとしているかを見落とすからだ。

そして気づいたときには、会社の中で置いてけぼりを食らう。

企業は次のレベルに進化しても、一個人たる社員が置いてけぼりを食らい、脱落してしまう可能性は高い。この先は、会社やそれをとり巻く環境の変化に敏感な人だけが生き残れるということだ。

●セルロースナノファイバーをめぐる企業の動き

社名	動向
旭化成	薄く、表面積が大きい不織布を開発、多用途を期待
王子HD	輸送が楽なウェットパウダー状の製造法を開発、サンプル提供。透明連続シートはガラス並みの透明度
日本製紙	消臭機能シートを紙おむつに採用、2015年10月に発売
三菱製紙	液体用フィルター向け不織布が金属放電加工で活躍
中越パルプ	竹を活用してサンプル販売中。王子HDの持分会社に
三菱ケミカル	王子HDと共同開発
ダイセル	紙力増強剤を食感改良や酒類濾過の助材として使用
花王	ガスバリア包装材料の生産。日本製紙、凸版印刷と共同開発
第一工業製薬	三菱鉛筆がボールペンのインク増粘剤として実用化
DIC	京大などの開発プロジェクトに参画、星光PMCは子会社
星光PMC	強化樹脂の商用プラント完成後の2017年に本格供給へ
日光ケミカルズ	王子HDと化粧品原料としての新しい用途・機能の開発
ＮＴＴ、日立製作所、三菱化学、ローム	ユビキタス情報端末の各部品の研究
日世	CNFを添加した溶けにくいソフトクリームを試作
小糸製作所、ブリヂストン、住友ゴム工業	CNFを活用したボディ製造や樹脂パーツ、耐久性の高いタイヤの開発

今ある47％の仕事は近い将来なくなる

炭素繊維の開発を牽引する企業として有名な「東レ」の、かつての社名は「東洋レーヨン」だった。レーヨンとはパルプなどの自然素材を原料にした再生繊維で、絹を人工的につくろうという開発意図から20世紀初頭に実用化された。

そのレーヨンをもとに衣料品の素材を製造する伝統企業だった東レは、航空機のスーパー素材メーカーへ転向することで、活躍の幅を広げてきた。それ以上に劇的で、なおかつ熾烈な変化がＣＮＦをめぐってこれから起きてくるはずだ。

しかし、ＣＮＦは今起こっている素材革命のひとつにすぎない。

２０１３年９月、イギリス・オックスフォード大学のマイケル・オズボーン准教授は、２０１３年当時から10～20年の間に、アメリカの総雇用者の約47％の仕事が機械に代替されると予測した。

その消える職業・なくなる仕事は次ページの通りだが、幾つか日本には馴染みのない仕事も見られる。

●消える職業・なくなる仕事

銀行の融資担当者
スポーツの審判
不動産ブローカー
レストランの案内係
保険の審査担当者
動物のブリーダー
電話オペレーター
給与・福利厚生担当者
レジ係
娯楽施設の案内係、チケットもぎり係
カジノのディーラー
ネイリスト
クレジットカード申込者の承認・調査を行う作業員
集金人
パラリーガル、弁護士助手
ホテルの受付係
電話販売員
仕立屋（手縫い）
時計修理工
税務申告書代行者
図書館員の補助員
データ入力作業員
彫刻師
苦情の処理・調査担当者
薄記、会計、監査の事務員
検査、分類、見本採集、測定を行う作業員
映写技師
カメラ、撮影機材の修理工
金融機関のクレジットアナリスト
メガネ、コンタクトレンズの技術者
殺虫剤の混合、散布の技術者
義歯制作技術者
測量技術者、地図作成技術者
造園・用地管理の作業員
建設機器のオペレーター
訪問販売員、路上新聞売り、露店商人
塗装工、壁紙張り職人

出所：マイケル・オズボーン准教授の論文「雇用の未来」

37万人が一斉に仕事を失う!?

２０１５年12月には、野村総合研究所が10～20年後、今ある仕事の約49%がＡＩやロボットなどに代替されるという試算を発表した。

この49%という数値は労働人口に対する比率で、職業の種類に対する比率ではない。それはつまりとてつもない人数が職を失う可能性があるということだ。

また、あくまでもコンピュータによる技術的な代替可能性をベースとしており、実際に代替されるかどうかは、労働需給を含めた社会環境要因の影響も大きいと想定される。

その試算から弾きだされた職業は、次ページからのリストの通りだ。代替されにくい職業のリストも合わせて提示する。

「タクシー運転手」や「路線バス運転者」は、昨今話題の自動運転車に職を奪われてしまうであろうことは容易に想像がつく。

日本にはタクシーの運転手が約37万人いるが、彼らがいっせいに職を失うとなると、

●人工知能やロボット等による代替可能性が高い100種の職業

IC生産オペレーター	製粉工
一般事務員	製本作業員
鋳物工	清涼飲料ルートセールス員
医療事務員	石油精製オペレーター
受付係	セメント生産オペレーター
ＡＶ・通信機器組立・修理工	繊維製品検査工
駅務員	倉庫作業員
ＮＣ研削盤工	惣菜製造工
ＮＣ旋盤工	測量士
会計監査係員	宝くじ販売人
加工紙製造工	タクシー運転者
貸付係事務員	宅配便配達員
学校事務員	鍛造工
カメラ組立工	駐車場管理人
機械木工	通関士
寄宿舎・寮・マンション管理人	通信販売受付事務員
CADオペレーター	積卸作業員
給食調理人	データ入力係
教育・研修事務員	電気通信技術者
行政事務員（国）	電算写植オペレーター
行政事務員（県市町村）	電子計算機保守員（ＩＴ保守員）
銀行窓口係	電子部品製造工
金属加工・金属製品検査工	電車運転士
金属研磨工	道路パトロール隊員
金属材料製造検査工	日用品修理ショップ店員
金属熱処理工	バイク便配達員
金属プレス工	発電員
クリーニング取次店員	非破壊検査員
計器組立工	ビル施設管理技術者
警備員	ビル清掃員
経理事務員	物品購買事務員
検収・検品係員	プラスチック製品成形工
検針員	プロセス製版オペレーター
建設作業員	ボイラーオペレーター
ゴム製品成形工（タイヤ成形を除く）	貿易事務員
こん包工	包装作業員
サッシ工	保管・管理係員
産業廃棄物収集運搬作業員	保険事務員
紙器製造工	ホテル客室係
自動車組立工	マシニングセンター・オペレーター
自動車塗装工	ミシン縫製工
出荷・発送係員	めっき工
じんかい収集作業員	めん類製造工
人事係事務員	郵便外務員
新聞配達員	郵便事務員
診療情報管理士	有料道路料金収受員
水産ねり製品製造工	レジ係
スーパー店員	列車清掃員
生産現場事務員	レンタカー営業所員
製パン工	路線バス運転者

●人工知能やロボット等による代替可能性が低い100種の職業

アートディレクター	人類学者
アウトドアインストラクター	スタイリスト
アナウンサー	スポーツインストラクター
アロマセラピスト	スポーツライター
犬訓練士	声楽家
医療ソーシャルワーカー	精神科医
インテリアコーディネーター	ソムリエ
インテリアデザイナー	大学・短期大学教員
映画カメラマン	中学校教員
映画監督	中小企業診断士
エコノミスト	ツアーコンダクター
音楽教室講師	ディスクジョッキー
学芸員	ディスプレイデザイナー
学校カウンセラー	デスク
観光バスガイド	テレビカメラマン
教育カウンセラー	テレビタレント
クラシック演奏家	図書編集者
グラフィックデザイナー	内科医
ケアマネージャー	日本語教師
経営コンサルタント	ネイル・アーティスト
芸能マネージャー	バーテンダー
ゲームクリエーター	俳優
外科医	はり師・きゅう師
言語聴覚士	美容師
工業デザイナー	評論家
広告ディレクター	ファッションデザイナー
国際協力専門家	フードコーディネーター
コピーライター	舞台演出家
作業療法士	舞台美術家
作詞家	フラワーデザイナー
作曲家	フリーライター
雑誌編集者	プロデューサー
産業カウンセラー	ペンション経営者
産婦人科医	保育士
歯科医師	放送記者
児童厚生員	放送ディレクター
シナリオライター	報道カメラマン
社会学研究者	法務教官
社会教育主事	マーケティング・リサーチャー
社会福祉施設介護職員	マンガ家
社会福祉施設指導員	ミュージシャン
獣医師	メイクアップアーティスト
柔道整復師	盲・ろう・養護学校教員
ジュエリーデザイナー	幼稚園教員
小学校教員	理学療法士
商業カメラマン	料理研究家
小児科医	旅行会社カウンター係
商品開発部員	レコードプロデューサー
助産師	レストラン支配人
心理学研究者	録音エンジニア

出所：野村総合研究所（NRI）「国内601種の職業ごとのコンピュータ技術による代替確率の試算」NRIとオックスフォード大学オズボーン准教授、フレイ博士の共同研究。本試算はあくまでもコンピュータによる技術的な代替可能性の試算であり、社会環境要因の影響を考慮していない。

社員数3万人程度の大企業が倒産するのとは、まさに桁違いのインパクトを与えることになる。

ちなみに不正問題で揺れた三菱自動車の正社員数が約3万人である。三菱自動車のような大企業12社が従業員を解雇するとなったら、当事者だけでなく周囲にも大きな動揺が広がることは間違いない。

1997年に廃業して大きな話題となった山一証券ですら、従業員数はグループ全体で1万人程度だったのだ。

ただし、タクシーの無人化は、悲劇ばかりをもたらすわけではない。無人化されることによって潤う企業や業界が必ず出てくるし、人件費がゼロに近くなるのだから利用料金も下がるはずだ。

そうなれば、自動運転タクシーでピザを宅配するチェーン店が出てくるかもしれないし、タクシーの配車アプリサービス「ウーバー」で、スマホを使えない高齢者のためにタクシーを呼ぶ代行サービスがはじまるかもしれない。

つまり、自分はタクシーの運転手ではないからといって、無関係とはいえないということだ。そこにはリスクもあるが、チャンスもある。

ちなみにウーバー（ウーバーテクノロジーズ）は、創業から7年あまりで世界展開し、今や世界最強の「ユニコーン」（時価総額の大きい未上場企業）となっている。

ロボットの限界を突破

先ほどの表をもう1度見てみると「自動車組立工」や「倉庫作業員」は、すでにロボットによって自動化されているところが多い。

ただし、これまでの工場用ロボットは、あらかじめプログラミングされた動作しかできなかった。同じ部品を同じ場所にとりつけるというような、決まった動作しかできず、不定形の部品を持ち上げることすらできなかったのだ。

しかし、ＡＩを手がける東大発ベンチャー「プリファードネットワークス」が、ロボットの限界を突破しつつある。

複数のロボットをＡＩに接続し、不定形の部品をつかませる。当初はつかめなくても、どれか1台のロボットが成功すると、その成功体験を数値化して学習し、他のロボットと情報を共有する。結果的にごく短時間で、まるで人間のような動きが可能なロボットが複数台誕生した。

プリファードネットワークスは２０１４年に設立されたばかりだが、すでにＮＴＴ、トヨタ自動車、パナソニック、産業用ロボット大手のファナックなど大企業と組んで共同開発を行っている。

ベンチャー企業の才能とスピードが、大企業の規模と市場支配力と組み合わされれば、極めて大規模な変化が間もなくやってくる可能性が高い。

いや、すでに変化は起きつつある。一般の人がその結果を目の当たりにする日は、そう遠くない。

弁護士の仕事もＡＩに奪われる

２０１６年５月、アメリカの大手法律事務所「Baker & Hostetler」が、世界初となるＡＩ弁護士「ＲＯＳＳ《ロス》」を採用したことが話題になった。

このＡＩ弁護士は、主に破産に関する法律のアドバイスを担う。何か質問をすると人間では読みきれないほど大量の法律文書や参考文献を読み込み、最適な回答を導き出す。

質問をするほどに習熟度が高まるため、さらに最適な回答が得られるようになる仕組みだ。ＩＢＭが開発したＡＩ「Ｗａｔｓｏｎ《ワトソン》」がベースになっている。

ちなみにワトソンとは、ＩＢＭの事実上の創業者であるトーマス・Ｊ・ワトソンから名づけられた。

ＡＩ弁護士は今後、多くの〝人間弁護士〟の仕事を奪うことになるだろう。

アメリカでは裁判や示談交渉などをするのはひと握りのエリート弁護士であり、その下の弁護士たちは事務所で彼らをサポートするという構図になっている。すでに、そんな〝下級弁護士〟の仕事をＡＩ弁護士が代替しはじめているのだ。

弁護士といえば、日本では士業のトップに君臨する職業で、ひとたびその資格を手に入れれば、富も名声も長きにわたって保障されるものとみなされてきた。

法科大学院の乱立で、その地位の雲行きが怪しくなったかと思えば、今度はＡＩ弁護士の台頭である。

数年前に弁護士になって、近い将来、ＡＩに自分の仕事が奪われるかもしれないと考えた人は、おそらくいなかったことだろう。

しかし、少なくともアメリカでは現実のものとなっている。

弁護士のような人と人との間に立つ仕事は、人間に任せたいという人情を抱く人もいるかも知れない。しかし、弁護士を雇用する側に立ってみてほしい。

ＡＩ弁護士には福利厚生も必要ない。人を雇うよりずっと効率がいい。それ以上に仕事は速くて正確だし、休む必要もない。

日本でも、日本郵政傘下のかんぽ生命保険がＩＢＭのワトソンを保険金の支払い業務に導入したり、三菱東京ＵＦＪ銀行はワトソンを使って無料対話アプリＬＩＮＥで問い合わせを受けるサービスをはじめたりしている。

新たに生まれる仕事

ＡＩに奪われる仕事の話ばかりをしてきたが、ＡＩやロボットが普及すれば、それまでにはなかったような新しい仕事も生まれる。

以前はなかったインターネットが普及したことで、サーバーやネットワーク、セキュリティに関連する仕事が生まれたわけで、それと同じことが起こるということだ。

ではこの先、どんな仕事が生まれるのか。

まず踏まえておかなければならないのは、ＡＩやロボットを使う側の仕事と、使われる側の仕事が生まれるということだ。

使う側とは、ＡＩやロボットを道具のように扱ってイノベーションを起こす仕事であり、使われる側とはＡＩやロボットに命じられるままに働かされる仕事である。「職業に貴賤なし」ではある。しかし、ＡＩを使いこなす仕事と、ＡＩに使われる仕事と、どちらの仕事を望むだろうか。

私ならＡＩを使う側だ。使われる側なんて、ちっとも面白くない。

しかし、ＡＩを使いこなすためには、技術的な知識が必要になる。さらには数学などの能力もいるかもしれない。

少し前なら、ＩＴを使いこなすには知識が必要で、知識がないとＩＴに使われるようになるといわれていたが、それと同じことだ。

そこで、だ。ＳＴＥＭ（ＳＴＥＡＭ）に目を向け、学習することで、ＡＩを使う側を目指すことが必要になる。

経済学や法律などを学んでも、不要とまではいわないが、なんの役にも立たない時代が、やってくるかもしれない。経済学者や弁護士など、すでにある仕組みやルールに関することを仕事にする人は、ほんのわずかだからだ。

では、〝そのほんのわずか〟に含まれない大多数の人はどうすべきか。その仕組みやルールの上で、自律的に仕事を選んで働いていくことが求められる。

現代は、自律的でなくても生きられるようになっている。すすめられたものをすすめられるままに享受して生きることができる世の中なのだ。

魚をさばけなくても和食店へ行けば刺し身を食べられるし、アイロンをかけられなくてもクリーニングに出せばワイシャツがパリッとした状態で戻ってくる。

日常生活での〝ブラックボックス〟は、大きくなる一方なのだ。

ブラックボックスが大きくなるということは、考えなくて済む範囲が広くなるということを意味する。そして、それはじつに楽なことである。

楽であることに身を委ねるという選択は、ＡＩに使われる側になることに直結する。仕事を離れてもなお古い思い込みにとらわれ、間違った判断をし、その結果、さまざまな面で損をしかねない。

ロボアドバイザーとラップ口座

２０１６年、「フィンテック」（FinTech）という言葉が一部で流行した。

これはファイナンスとテクノロジーを組み合わせた造語で、金融のＩＴ化とそれにともなう更なる金融の自由化を意味する。

このことは金融業界だけでなく、お金を使う側、つまりすべての人に大いに関係する。その象徴的な存在が、アメリカで大流行中の「ロボアドバイザー」だ。日本でも一部で使われはじめている。

個人が投資として資産運用する場合、自分で株や債券を売買するのが一般的だ。運用会社がその売買を代行して運用するＥＴＦ（上場投資信託）やＲＥＩＴ（不動産投資信託）などの金融商品もある。

その銘柄選び、すなわち投資戦略を決める場合、自分で情報を収集して決断する人もいるだろうが、投資経験の浅い人は証券会社の営業マンからすすめてもらって選ぶこともあるだろう。

そのレコメンド機能を人間に代わって担うのが、資産運用をアドバイスするロボアドバイザーなのである。

パソコンやスマホの画面を見ながら、現在の保有資産や投資目的、リスクへの考え方など幾つかの質問に答えるだけで、投資のポートフォリオ（資産配分）を提案してくれる。

ロボアドバイザーは、すべてがＡＩで処理されるだけあって手数料が非常に低いのが特徴だ。

日本では金融機関に運用を丸投げする「ラップ口座」が話題になっているが、その基本手数料は２・０％だ。さらにラップ口座から株式などを購入すると１〜１・５％の手数料が上乗せされる。

仮に30年も運用すると、元手と同じ額の手数料をとられかねない計算になる。

これがロボアドバイザーであれば、手数料は０・３％以下になる。これなら一般的なサラリーマン家庭でも気軽に運用できるだろう。

つまり、ロボアドバイザーを知っている人と知らない人とでは、投資で得られる長期的リターンが大きく変わる可能性が高いのだ。

今のところロボアドバイザーのサービスを提供するのは、ほとんどがベンチャー企業となっている。そこに将来的なビジネスチャンスを見いだした大手証券会社やベンチャーキャピタルが殺到している。

アメリカでは今、このようなフィンテックの金融ベンチャーがもてはやされているのだ。

テクノロジーを知らないと命も失いかねない

ロボアドバイザーは現在、年齢、リスク許容度、財務状況、投資経験などを入力するだけで、それなりの投資ポートフォリオをすすめるにとどまっている。

だが今後、ＡＩが自ら学習する「機械学習」をとり込んだ、より高度なロボアドバイザーが多くの金融機関で使われることになるだろう。

すると、自分で市況をにらみながらデイトレーディングをするよりも、ロボアドバイザーに任せておいたほうが、より楽に高い確率で資産を増やせるようになることも予想される。

こうしたトレンドを知らないと、いつまでも証券会社のカモにされてしまうことにもなりかねない。

医療も同じだ。医療技術の進歩によって、同じ病気でもさまざまな治療法の選択肢が生まれている。

そして、どの治療法を選択するかは専門知識を持つ医師ではなく、最終的に患者本人になりつつある。

もちろん医師の説明を聞いて最終判断を下すことになるが、そのときに医師のアドバイスがさっぱり理解できなかったり、説明の行間を読めなかったりすると大変なことになりかねない。

たとえば、がんの治療法には、がんを切りとる「外科手術」、抗がん剤を使う「化学療法」、それに「放射線治療」がある。

外科手術には従来型の開腹手術と、身体に小さな穴をあけ、内視鏡で体内を見ながら超音波メスや鉗子《かんし》などを使う腹腔鏡手術がある。また「ダ・ヴィンチ」など手術支援ロボットを使った腹腔鏡手術もある。

放射線治療には、従来型のX線を用いるものもあるが、狙ったがん細胞だけを狙い撃ちする「陽子線治療」や「重粒子線治療」という新しい選択肢もある。

身体にかかる負担や副作用、費用はそれぞれ異なる。それらを知らずして、最適な手法を選ぶことはできない。正しい判断を下すには、最先端の医療技術を知っておく必要があるのだ。

先ほど金融分野でのロボアドバイザーの話をしたが、医療分野では法的な制限もあり、しばらくは実用化されないだろう。

患者自らがインターネットという大海原から自力で情報を得て、決断するしかないということだ。

しかし、いずれ法的な問題がクリアされれば、フィンテックならぬ〝メディテック〟が出現し、ロボドクターなるスマホサービスが出現してくるかもしれない。

患者は医者からもらったカルテや検査結果、CT（コンピュータ断層撮影装置）などの画像データをスマホで送ると、それにあった病院と治療法を紹介してくれるというようなサービスだ。

いずれ、そんなAIによるセカンドオピニオンが実現する日もやってくるだろう。

コンピュータ今昔物語

今どき、スマホで通話機能しか使わない人はいないだろう。

日常のやりとりは通話ではなく、ＬＩＮＥやフェイスブックのメッセンジャーでやりとりする。むしろスマホを電話としてはほとんど使わず、ネット端末として使っている人のほうが多いのではないか。

ＬＴＥ（高速通信サービス）やＷｉ－Ｆｉ（無線ＬＡＮ）経由でも、スマホはインターネットにつながっていなくては話にならない。同じくネットにつながっていないパソコンは、バッテリー切れのパソコンと同じくらい役立たない。

今でこそ、ネットワークありきの端末は当たり前の存在だが、こうなるまでにはネットワークありきの端末（ターミナル）の時代と、ネットワークなしでの利用に足る端末（スタンドアローン）の時代が繰り返されてきた。

ここでちょっとコンピュータの歴史を振り返ってみよう。創世紀からのテクノロジーの発展には普遍性がある。

60年ほど前にコンピュータが生まれたとき、それは持ち運べるサイズのものではなかった。無数の真空管でつくられたコンピュータは、ビルに収まるかどうかという巨大なサイズで、人はコンピュータが設置された「コンピュータセンター」なる場所に出かけていくしかなかった。

そこで紙テープなどに書かれたプログラムやデータを読み込ませていた。次に入出力技術やブラウン管ディスプレイ、キーボードなどの進歩によってターミナルが生まれた。ターミナル自体では計算できないが、大型コンピュータを離れたところから簡単に操作することができるようになった。

その次に現れたのは、パソコンだ。大型コンピュータの付属品だったターミナルにCPU（中央演算処理装置）を組み込み、それ自体で計算できるようにした。パソコンの能力が拡大するにつれ、〝ミニコン〟と呼ばれた中型コンピュータは姿を消した。

その一方で大型コンピュータは、科学技術計算用の高度なスーパーコンピュータ（スパコン）に姿を変えて再登場した。そしてパソコンは〝スーパーパソコン〟と呼べるサーバーに進化した。さらにパソコンは、より小型のスマホへも進化を遂げた。

現在は、そのパソコンやスマホが遠隔地にある無数のサーバーやスパコンにネットワークでつながるようになった。そうやってクラウドの時代がはじまったのだ。

このようにコンピュータの歴史はセンターにある大型コンピュータと端末の双方が、まるでブートストラップ（ブーツのひも）のように上へ上へと結び合いながら進化し続けている。

現在のスマホは、20年前のスパコンより計算速度が速い。20年後のスマホは、現在地球上にあるすべてのスパコンよりも高い計算能力を持つかもしれない。ネットにつながってなくても、スマホ自体が知性を持つ時代が訪れるはずだ。

3度目のAIブームはどうなるか

長々と説明してしまったが、こういった変遷は１９８０年代から２０００年代にかけてパソコン業界にいた人なら誰もが知っていることだ。

いったい何を言いたいのかというと、テクノロジーの歴史は要素技術が相互に影響を与えながら、進化するということである。

今はＡＩブームの真っただ中だが、じつはＡＩブームはこれが3度目だ。

1度目のブームは、おそらく多くの読者が生まれていない1960年頃に起きた。数学の問題を解けるAIの登場に人びとは色めき立ち、人間の脳のように知的なプログラムがつくれるのではないかと過度な期待をした。

ところが、その反動から「さほどでない」という判断が下され、1度目のAI開発ブームは下火になった。

2度目のブームは1980年頃に起こった。問いかければデータベースの中から適した答えが返ってくる「エキスパートシステム」がつくられ、これこそがAIだと、やはり過度な期待がされた。

しかし、誰がAIに知識を与えるのかという課題をクリアできず、2度目のブームはしぼんだ。そして、今回が3度目のAIブームである。

誰がAIに知識を与えるのかという過去の課題は、AIが自ら学習する機械学習の実現で乗り越えた。そして第3世代のAIは、前述のように実用化されている。

コンピュータが、あるときはスタンドアローン、あるときはターミナルとして進化してきたのは、その間にコンピュータの血肉となる半導体の極微細化や低価格化、それに通信回線の強化と、多数のユーザーが使うことによる利用料の低下があった。

ＡＩも同じことで、人間がプログラムした「エキスパートシステム」と呼ばれるＡＩと、ＡＩが自ら学習する「機械学習」という両方の環境が整ったことで進化した。

今回の３度目のＡＩブームが再びしぼんでしまうのか、または人間の知能を超える「シンギュラリティ」（技術的特異点）に達するのか。その予測は現時点では難しい。

ただし、工場やコールセンターなどでは、作業員や顧客がＡＩを使っているかどうか判別できないまでも、密かにバックグラウンドで使われていくことになるだろう。

いずれにしても、環境がともなわなければテクノロジーは前進しない。このことを経験的に知っていれば今、慌てて「４Ｋテレビ」を買うような愚行に走ることはないだろう。

４Ｋテレビの愚

ごく最近のことだったのに、それがもてはやされていたのはいつのことだったか思い出せないくらい記憶が薄くなっている製品がある。「３Ｄテレビ」だ。

専用のメガネをかけて３Ｄ（３次元）用につくられた映像を見ると、画面に映るモノや人が飛び出すように立体的に見えるという触れ込みのテレビである。

振り返ると3Dテレビのブームは、2012年のロンドン五輪の前後だった。あの頃、日本の家電メーカーは競うようにして3Dテレビを売り出したのだが、ロンドン五輪後、3D放送は瞬く間に激減していった。家電量販店でも、すっかり存在感を失っている。3Dテレビが失敗した理由は、視聴者からの支持が得られなかったことに尽きる。

その失敗を踏まえて、家電メーカーは今盛んに「4Kテレビ」を売り込んでいる。家電量販店のテレビ売り場は今、大型の4Kテレビで埋め尽くされている。

ハイビジョンの4倍の解像度で高精細の映像が見られるというのだが、これも上手くいかないだろう。とうに4Kを上回る8Kテレビの試験放送がNHKではじまっており、2018年には8Kの本放送が開始されることが決まっているからだ。

8Kテレビが日本全国津々浦々に普及するかどうかは未知数だが、4Kの時代が長く続くことだけはないことは容易に想像できる。

それ以上に、テレビには大きな変化がある。それは視聴環境の変化だ。

教養番組やバラエティなら、スマホ、せいぜいタブレットのサイズ画面で見られれば十分だし、そのほうがどこでも見られるから便利だと感じている人が今は多いのではないか。

　すると大画面テレビが前提の８Ｋのような高精細の映像が、どこまで求められるのかという疑問が湧いてくる。

　もちろん、家庭で大画面テレビを求める人はいるだろう。私もスポーツ中継や迫力のある映画は大画面で見たいし、実際にそうしている。しかし、他の番組についてはどうだろうか。持ち運びできるタブレットのほうがよほどいい。

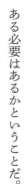

　それに大画面テレビには、もうひとつ疑問がある。その大画面テレビが「液晶」である必要はあるかということだ。

液晶の天下も崩れる？

　シャープが電卓の表示部分に液晶を用いた商品を発売したのは、１９７３年のことだった。それ以前は、「蛍光表示管」が使われることが多かった。

　シャープが口火を切ったことで液晶が幅広く使われるようになり、その技術開発が進んで、困難とされた大型化も実現した。

　そしてテレビはブラウン管から液晶に替わり、あらゆるところに液晶が使われるようになった。だから、これからも液晶の天下が続くのかというと、そうとは限らない。液晶がブラウン管を過去のものにしたように、次世代パネルとされる「有機ＥＬ」など新しい表示デバイスが液晶を過去のものにする可能性は高い。

実際、有機ＥＬは実用化され、液晶がたどってきたような大型化の道を歩んでいる。

　もうひとつ、液晶に置き換わる可能性のあるデバイスがある。今では信号機や照明などで、だいぶ普及しているＬＥＤ（発光ダイオード）だ。

　２０１４年にノーベル物理学賞を受賞した赤﨑勇さん、天野浩さん、中村修二さんが発明・開発した青色ＬＥＤが実用化されたことで、すでに存在していた赤・緑に青が加わって〝光の３原色〟がそろった。

　これによりＬＥＤで、あらゆる色彩が表現できるようになった。

　新宿駅前の「アルタビジョン」も、渋谷駅前の交差点にある幾つかのビジョンもＬＥＤで表示されている。

　当初のＬＥＤはひとつひとつ手で並べなければならないという技術的ハンディキャ

ップを背負っていたが、３原色の光源を鏡で反射する「ＭＥＭＳ《メムス》」（微小電子機械システム）というテクノロジーを応用すれば、その手間は減らせるはずである。これはスマホ用の位置センサーなどで鍛えられたテクノロジーだ。

理解されないアイディアが次世代を担う

ＭＥＭＳについては、一般のビジネスマンも注目しておいたほうがいいと思うので、少し詳しく触れておこう。ＭＥＭＳは「Micro Electro Mechanical Systems」の略で、半導体でＣＰＵやメモリーをつくるのと、ほぼ同じプロセスでつくることができる電子顕微鏡サイズの「微小電子機械システム」だ。

その発端は、１９８７年に米通信大手「ＡＴ＆Ｔ」のベル研究所が発表した１枚の電子顕微鏡写真だった。そこには直径が２００㎛（マイクロメートル）以下という〝一体、何の役に立つかわからない歯車〟が写っていた。

それを見た多くの日本人技術者は、確かに超微細加工技術は目新しいが、目に見えない小さな歯車なんて無駄なものに、どんな可能性があるのかという印象を抱いた。

ところが、である。欧米では「これは面白い」と思った技術者がいた。そんな欧米の技術者による研究が、今日のMEMSにつながって大きく花開いている。

インクジェットプリンタのヘッド、圧力センサー、加速度センサー、ジャイロスコープなど、MEMSが応用されて実用化されているものは多岐にわたる。

かつて無駄と思われた歯車から生まれたMEMSがなければ、スマホもプリンタもDNA分析機も、まったく使いものにならないのだ。

傾きや動きを感知するスマホ用のジャイロセンサーなどは、欧米企業の独壇場である。もしあの歯車に可能性を見いだした日本人技術者や企業があったら、現在の構図は違ったものになっていただろう。

正露丸に見るテクノロジーの大切さ

少し前、バケツの氷水をかぶる「アイス・バケツ・チャレンジ」なるものが流行したが、何のためのものだったかをご記憶だろうか。

あれは全身の筋肉が衰えていく難病「筋萎縮性側索硬化症」（ALS）の治療法の

研究費を集めるための試みだった。

２０１６年６月、東大などのグループが、そのＡＬＳの進行を既存のてんかん薬で抑制できる可能性をマウス実験による結果として発表した。ＡＬＳについては、これまで有効な治療方法がなかっただけに、このニュースは光明のように受け止められた。

このような、ある病気のための薬が別の病気にも効くことが発見される事例は、病気の発症や薬の効くメカニズムの解明が進めば進むほど多くなるだろう。

また、これまではなぜ効くのか解明されていなかったが、実際に効果があるとされてきたもの、たとえば漢方薬についても、さまざまなことがわかるようになると、新たな薬効が見つかるかもしれない。

日本で一番有名な薬のひとつ、ラッパのマークの「正露丸」（大幸薬品）は、「木《もく》クレオソート」の薬である。木クレオソートとは、アメリカの南北戦争で重宝された薬で、日本でも日露戦争で腹痛や下痢に効く〝征露丸〟として普及したものだ。

当時は木クレオソートが、腹痛や下痢になぜ効くのかは解明されていなかった。「飲んだら効く」という実績が、正露丸を薬たらしめていたのだ。

その正露丸が、魚の生食文化が根づく日本とじつに相性がいいことが知られるようになったのは、ほんの数年前のことである。

大幸薬品が、ひとつの特許を出願したのがきっかけだった。そこには「木クレオソートが消化器アニサキス症の原因となるアニサキスの運動を抑制する」とある。

アニサキスとは、その幼虫がサバやイワシに寄生する寄生虫で、食べてしまうと「アニサキス症」という食中毒にかかることがある。かかったことがある人によると、もう2度と生魚の刺し身は食べたくないと思うほどつらい症状が出るという。

だからこれまでは冷凍したり酢締めしたりして、アニサキスの幼虫が生存できない状態にしてきたわけだ。

ところが、そのやっかいなアニサキスに正露丸の主成分である木クレオソートが効くとなれば、食文化さえ変えてしまう可能性を秘める。保存のために酢締めする必要性もなくなるからだ。

一方で、アニサキスの卵を食べて育ったプランクトンを、エサとして食べないようにする魚の養殖技術も進んでいる。これもまた食文化を大いに変える可能性を秘める。

それぞれの分野にちょっとでも興味のある人なら、このような話は知っていることだろう。

すでにあるものに新しいテクノロジーが掛け合わされ、新しい価値が見いだされる。こうした価値の再発見は、これからさまざまな分野で生まれるだろう。

サイエンスとテクノロジーの古きも新しきも知り、将来に備えて知的武装するにはどうしたらいいのか。

そのときに武器となるものこそがＳＴＥＭ（ＳＴＥＡＭ）なのである。

STEM対談 × 鈴木 寛
（STEAM）　（文部科学大臣補佐官）

「すずかん先生」としてお馴染みの東京大学・慶應義塾大学教授の鈴木寛さんは、松野博一文部科学相の大臣補佐官として活躍している。民主党政権時代は文科副大臣を務め、離党後、2015年２月に当時の下村博文文科相の補佐官となって以来、この国の競争力を高めるため、教育改革の最前線を行く。そのすずかん先生にＳＴＥＭ（ＳＴＥＡＭ）にまつわる現状を、文科省の執務室でうかがった。

鈴木寛（すずき・ひろし）

1964年生まれ。東京大学教授、慶應義塾大学教授。文部科学大臣補佐官、日本サッカー協会理事、社会創発塾塾長、元文部科学副大臣。東京大学法学部卒業後、1986年通商産業省に入省。慶應義塾大学SFC助教授を経て2001年参議院議員初当選。12年間の国会議員在任中、文部科学副大臣を2期務めるなど、教育、医療、スポーツ・文化、科学技術イノベーション、IT政策を中心に活動2012年、自身の原点である「人づくり」「社会づくり」にいっそうまい進するべく、一般社団法人社会創発塾を設立。社会起業家の育成に力を入れながら、2014年2月から、東京大学公共政策大学院教授、慶應義塾大学政策メディア研究科兼総合政策学部教授に同時就任。10月より文部科学省参与、2015年2月文部科学大臣補佐官を務める。日本でいち早く、アクティブ・ラーニングの導入を推進。

人工知能を使うか、使われるか

成毛　日本人の大人にはSTEM教育が足りていなかったというのが私の結論なのですが、では、子供はどうなのか。文部科学大臣補佐官のすずかん先生に、それをうかがいたいと思って今日はやって参りました。

鈴木　今の高校生の大半と中学生以下は2000年以降に生まれており、2100年すぎ、つまり22世紀まで生きる可能性が大いにあります。

成毛　22世紀まで生きる人たちにとっては、AIの「シンギュラリティ」（2045

年頃にAIが人類を超す技術的特異点）を迎えるといわれる年は、まだ人生の折り返し地点であったり、もっと手前の地点だったりするわけですね。

鈴木 その頃の大人は、STEMを理解していないとなりません。わかっている人だけがAIを使う側に回り、わかっていない人はAIに使われる側に回ります。このことは、その頃の大人、つまり今の子供たちはよく理解しています。

先日、優秀な生徒が集まっている私立校で、中高生を対象にこれからどういう仕事が残り、どういう仕事がなくなっていくかを話す機会があったのですが、感性のいい子は、自分がこれから生きていく世の中がどんなものであるか、直感的に理解しています。

成毛 それは、優秀な子だからではないですか？

鈴木 そうですね。トップレベルの子供たちのことは心配していませんが、STEM教育の機運を盛り上げ、普及を加速させていくために、全国で200を超える高校を「スーパーサイエンスハイスクール」に指定しています。

また、文部科学副大臣のときに、「科学の甲子園」をはじめました。これは高校の生徒がチーム単位で理科・数学・情報の競技を行う大会で、野球の甲子園同様、各都道府県予選を勝ち抜いた学校が全国大会で競います。２０１２年に第１回大会を開催後、毎年行っていて、優勝校は「サイエンス・オリンピアド」というアメリカで開かれる大会に参加できます。

高校の科学部人口を野球部・サッカー部と同じ数にしたい

成毛　これまでにどんな高校が優勝しているのですか？

鈴木　第１回は埼玉県立浦和高校、第２回は愛知県立岡崎高校、第３回は三重県立伊勢高校、第４回は千葉にある渋谷幕張高校、第５回は、愛知県は海陽中等学校です。「国際科学オリンピック」や受験に強い私立校・国立校が独占することになるかとも思っていましたが、実験をとり入れたこととチーム制にしたことで別の結果につながりました。

成毛　とはいえ、進学校ばかりですね。

鈴木　科学の甲子園は、確かにトップを伸ばすことも目指しています。しかし、同時に裾野を広げることも目指しています。

先頃、全国の高校のサッカー部員数が、野球部員数を抜いたんです。どちらも17万人ほどですが、わずかにサッカー部が上回りました。私は通産省の官僚時代、Jリーグの設立にかかわったので、感慨深いものがあります。

スポーツの世界で日本が世界に通用するというと、まず野球です。イチロー選手や田中将大投手はメジャーリーグでも十分に通用していますし、「ワールド・ベースボール・クラシック」（WBC）でも日本代表は2回も優勝しています。これを支えているのは、17万人の高校球児、その下にいる中学生の野球選手たちです。

ですから、サッカーでも野球のように世界と肩を並べて戦うには、やはり高校で17万人くらいの競技人口が必要だと考えていました。Jリーグがはじまったのは1993年ですから、その頃からさまざまな手を打って、ようやく17万人になりました。すると、岡崎慎司のような、プレミアリーグのチャンピオンチームでレギュラーになる選手も誕生します。

成毛　高校で17万人がサッカーをするようになったのと時を同じくして、世界のトップ11の一角を日本人が占めるようになったんですね。ピラミッドのボトムが大きくなれば、トップが高くなります。

鈴木 ええ、ですから、高校の科学部人口も17万人にしたいと考えています。

■ 科学の甲子園で活躍すれば大学入学？

成毛 なるほど。今、科学部人口はどれくらいですか？

鈴木 このとり組みをはじめた頃は1万人程度でしたが、今は、5万人くらいになりました。10年以内で17万人に達すると思います。野球やサッカーはほぼ男子生徒で17万人ですが、科学部は女子も入れますし。

成毛 先日、ニワトリの有精卵から中身をとり出し、食品用ラップのなかでヒナを孵化させたことがニュースになっていましたが、あれも女子高生でしたね。

鈴木 そうです、ああいった子を17万人にしたいと思っています。一方で、灘校や筑波大附属駒場高校などは、国際数学オリンピックや国際科学（物理・化学・生物・情報・地学など）オリンピックなどで頑張っていますので、科学の甲子園と国際科学オリンピックが相乗効果になっています。

成毛　アメリカのインテルが主催している「インテル国際学生科学フェア」でも、男子生徒に交じって女子生徒たちが優秀賞を受賞していますが、こちらも世界を目指す側ですね。

ちょっとこの科学フェアの話をしますと、入賞者の中には、ミニサイズの核融合炉をつくったアメリカの高校生までいるんです。それはすごいなと思って調べてみたら、アメリカの高校には、「ガスクロマトグラフィー」など、かなり高額な分析機材などもそろっているんですね。

鈴木　日本でもそうです。文部科学省が指定しているスーパーサイエンスハイスクールには、かなりの設備が整っています。足りないものがあれば大学へ出かけて行って、そこで器材を使わせてもらうこともできます。

先ほど触れた国際大会に出場するような高校は、大学だけでなく理化学研究所でも学べるよう体制を整えています。

成毛　国際大会で入賞すると、たとえばプロ野球でドラフト指名されるようなメリットはあるんでしょうか。

鈴木　今の時点でも、国際科学オリンピックや科学の甲子園などで優秀な成績を収めれば、大阪大学と筑波大学へ進学するルートはできていますし、2015年9月に「国立大学協会」で、今後、全定員の3割はAO（アドミッション・オフィス）入試で受け入れる方針が決まっています。

ですから、国際大会で入賞しなくても、科学の甲子園で活躍したり学会発表をしたりという実績があれば、2020年頃には、少なくとも「RU11」という、研究と教育に力を入れ、世界でもしのぎを削っている11の大学（北海道大学、東北大学、筑波大学、東京大学、早稲田大学、慶應義塾大学、東京工業大学、名古屋大学、京都大学、大阪大学、九州大学）には入りやすくなっているはずです。

高校野球のシステムを科学に応用

成毛 それなら、サイエンスは天才的だけれど、他の教科は今ひとつという子を救うことができますね。ところで、高校野球でどこまで勝ち上がれるかは監督次第というところもありますが、科学の甲子園ではどうですか？

鈴木 科学部の顧問の先生が果たす役割は非常に大きいです。実は高校野球では、夏の甲子園全国大会が終わった後、有力校の監督が集まって研修会を行っています。そこで、指導方法を共有したり、課題を話し合ったりしているんです。

ですから、科学の甲子園でも、最初に顧問の先生たちのために合宿を行いましたし、そこで「皆さんは蔦《つた》監督（蔦文也《ふみや》・元徳島県立池田高校監督）や木内《きうち》監督（木内幸男《ゆきお》・元茨城県立取手二高および常総学院高校監督）になるんです。

皆さんの教え子が、20年後に科学の世界のイチローになるんです」とたきつけることも忘れませんでした。中学生向けには「科学の甲子園ジュニア」を用意しています。

成毛　しかし、高校野球のシステムというのはよくできている。それをある意味でそのまま持ってくるわけですね。

鈴木　ええ、大いに参考にしています。その先にも行きます。２０２０年からの新学習指導要領には、「理数探求」という科目が加わります。

成毛　高校に新しい科目ができるんですか。

鈴木　そうです。そして、この科目を履修していればＡＯ入試に出願できるなどという仕組みをつくります。

成毛　その構想は、いつ頃からあったんですか?

鈴木　2009年頃です。

成毛　そうだったんですか。理数探求の教科書が、どんな内容になるかが非常に楽しみですね。というのも、私は以前、「日経ビジネスオンライン」というサイトで『教科書を追え! 成毛探偵社』という連載をしていたことがあるんです。

都立日比谷高校で使われている教科書を買いそろえて、その教科書の版元に話を聞きに行くという企画だったのですが、驚きました。生物や化学の教科書のレベルが高いんです。生物の教科書には当たり前のように「遺伝子組み換え実験をしてみよう」というページがある。

でも、少し前の教科書で高校時代を送った人はそういうことは教わっていません。この差はかなり大きいのではないでしょうか。すでに、親は子供に「その生物の知識は古い」と言われる時代です。もちろん、教科書に書いてあることをすべて学んだら、という前提の下での話ですが。

大学入試が悪い

鈴木　学習指導要領は立派だし、それに従ってつくられている教科書も立派です。でも、それで学ばない高校生もいます。大学入試が悪いからです。

そもそも、日本の15歳の科学的リテラシーはとても高いのです。2012年にOECD（経済協力開発機構）が行った「OECD生徒の学習到達度調査」（PISA）では、日本の科学的リテラシーは、OECD加盟国34か国中で、科学的リテラシーは1位、数学的リテラシーは2位です。この調査の対象年齢は15歳3か月から16歳2か月ですから、ちょうど高校1年生くらいです。

成毛　ということは、先ほどの国際オリンピックに参加するような子に限らず、高校1年生の数学や科学のレベルは高いということですね。

鈴木　その通りです。ところが高校では、大学受験を見据えて、高2の段階で生徒を文系と理系に分けてしまう結果、私立文系コースに入った生徒は、数学と理科の勉強をしなくなります。

成毛　大学入試に出ないから、ですね。少し前に分数の計算ができない大学生がいることが話題になりましたが、その大学生は私立文系の学生が中心でしょう。

鈴木　文系であっても、入試のときに数学があった主に国立大の文系学生と、数学がなかった主に私立文系の学生との間では、正答率に大きな差が生じています。おそらく、狭き門を突破して難関私大文系学部に合格した人のほとんどは、中学校の時は数学ができていたはずです。

通信簿で数学は「5」をもらっていた人が少なくないはずです。そういう生徒が高校へ進学し、2年生になって私立文系を目指したとたんに数学と理科に触れなくなってしまうのは、もったいないと思います。もともとはできる人のはずなんです。

受験料収入のため数学が削がれる

成毛 今、大人向けの数学の本が売れています。たまたま高校で数学から離れたけれど、このままではまずいと思っている大人が買っているのかもしれません。

鈴木 日本では1学年にざっと100万人がいます。大学進学率はほぼ50％ですから大学へ行くのは50万人。そのうち一生懸命受験勉強をして大学へ入るのは約33万人です。残りの約20万人はＡＯ入試とか推薦入試とか、競争のない形で進学します。ところで、受験生が最も多い大学トップ3はどこか、成毛さん、ご存じですか？

成毛 どこでしょうね。まず、早稲田は入るでしょうね。

鈴木 その通りです。早稲田、明治、それから近畿大学が11万人くらいでいつもトップ争いをしています。

成毛 普通に受験する50万人のうち、11万人が同じ大学を受験しているということですか。受験料収入はかなりのものになりますね。11万人が3万5000円を支払ったら、38億5000万円！　大学は受験生を減らしたくないでしょうね。

鈴木　減らさないため、成毛さんが大学経営者ならどうしますか？

成毛　受けやすくしますね。たとえば、受験科目数を減らすとか。しかし、国の教育改革を進める立場にいたら、もともとはできていたのに、受験のために数学を早々に諦める人が年間10万人レベル、つまりその学年の1割にも達するのだとしたら、これは由々しき問題ですね。ところで、先ほどの受験者数トップ争いに慶應は入っていませんでしたね。

鈴木　4万人くらいなんです。なぜだと思いますか？

成毛　文系学部の入試に数学がある、とか？

鈴木　そうです。数学と小論文があるので、多くの受験者から敬遠されてしまいます。

■歴史を理解するにも科学技術を知る

成毛　ただし、科学部人口が17万人になったら、そのあたりの数字は少し変わるかもしれませんね。あるいは、国の側が入試に数学を出す私立大学への助成金を厚くするという手も考えられます。

鈴木　そのあたりはいろいろと考えているところです。大学入試が変われば、高校での教育も変わります。早稲田をはじめ、これから私立文系の入試も大きく変わっていくと思います。

成毛　ただ、科学技術が発展した今の世の中では、その仕組みを理解せずとも便利に使えているのだから、Ｗｉ－Ｆｉもスマホも理解する必要はないという人もいます。

鈴木　しかし、たとえば歴史を理解するにも、科学技術を知る必要があります。１９８９年11月、ベルリンの壁が崩壊しました。あれは特定の革命家がいない状態で、市民が起こした革命ですが、その市民を壁に向かわせたのは衛星放送ですよね。

成毛　東ドイツ側が会見で、出国に関する規制緩和を誤って「即座に認める」としたんですよね。その様子が、衛星放送で東ドイツ国内に、それから西ドイツ側にも伝えられました。

鈴木　では、なぜ市民が衛星放送を見ることができていたかというと、米ソ冷戦構造があったからです。衛星放送は、大陸間弾道ミサイルさらには宇宙開発の競争があったことの産物です。ベルリンの壁が崩壊し、米ソ冷戦構造も崩れ去り、ソ連もなくなった。

　すると、アメリカの国防高等研究計画局（DARPA）が開発していたインターネット技術を国防総省が管理する必要がなくなり、クリントン・ゴア政権（ビル・クリントン大統領とアル・ゴア元副大統領）が、それを世の中にオープンにしました。そのことが、インターネット革命の引き金になったのです。

　つまり、技術革新が世界史を動かし、世界史が技術革新のタネになる。今、ライフサイエンスの世界で進んでいることもまたそうです。こういったことを把握していないと、現代の世界史は理解できません。

■論理性を高めるには数学と論述ができればいい

成毛　それひとつとっても、私大文系だからSTEMは無関係とは言えないということですね。数学についてはどうですか。微分積分は社会に出てから役に立たない、だから数学を一生懸命勉強する必要はないと言う人もいます。

鈴木　高校で習う数学は論理です。論理的でないと、自然科学はもちろん人文科学も社会科学も理解し、語り、書くことができません。論理的でないと、普通の文章も書けないのです。

鈴木　大学のランキングが話題になることがありますが、そのうちのひとつに「アカデミック・ランキング・オブ・ワールド・ユニバーシティズ」があります。２０１５年のランキングを見ると、日本からは東京大学が21位、京都大学が22位にランクインしています。

これを学科領域別に見てみると、東大はサイエンスでは9位、京大は18位です。ところが、社会科学はどちらも２００位内に入っていなくて、これが大きく足を引っ張っています。

今、シンガポールで就労ビザを取得するには大学を卒業していることが求められますが、これに、アカデミック・ランキング・オブ・ワールド・ユニバーシティズで200位以内の大学という条件がつく日も近いのではないかといわれています。

成毛 今、200位以内に入っている日本の大学は、東大と京大以外にはどこがありますか。

鈴木 名古屋大学（77位）、大阪大学（85位）、それから東北大学（101位から150位の間）と北海道大学と東京工業大学（どちらも151位から200位の間）です。

成毛 たったそれだけ！　文系学部が足を引っ張っているのは、論文を書く言語の問題でしょうか。

鈴木 論理性の問題だと思っています。極端なことを言えば、数学と論述ができればいいんです。これも入試である程度改善できるでしょう。

■大学入試改革で下克上がはじまる

成毛　大学入試が変われば、予備校も変わりますね。

鈴木　予備校で論述を学ばせるようになりますね。ただ、論述指導にはコストがかかります。ですからその分、コストを上げることになって、予備校のビジネスモデルは変わることになるでしょう。

成毛　ただ、論述指導もＡＩでかなりできるようになるでしょうね。

鈴木　採点も同様です。すでに今、ＴＯＥＦＬの論述問題は自動で採点しています。

成毛　高校教育も変わりますね。

鈴木　すると新たな問題が出てきます。新しい入試に対応した勉強を教えられる教員がいる地域とそうでない地域、また学校の差が出てきてしまうのです。

成毛　有名私立の中高は有利になりそうですね。

鈴木　これを機に起死回生を図ろうとしている私立校は幾つも見受けられます。一方で、こういった構想に根強い抵抗を示しているのが、地方公立高校校長会です。

この主要メンバーは、旧制一中の校長先生なのですが、十分にマインドセットが変わっていない方が多いような気がします。知識偏重型の教育にまだ固執している。

成毛 旧制二中、三中はどうですか。

鈴木 とりわけ三中は好機と受け止めていますね。ですから、旧制三中と旧制一中の間で、下克上が起こるかもしれません。

成毛 私の母校札幌西高校は旧制二中で、スーパーサイエンスハイスクールでもあるので、ぜひ頑張ってほしいですが、ＳＴＥＭ教育をめぐって高校間でバトルが起こりつつあるんですね。

■マークシート方式が日本をダメにする

鈴木 これまでのようにマークシート形式の入試を続けていると、この国はダメになると思います。あれは要するに、人から与えられた選択肢を消去法でつぶしていき、最後に残ったものにマークするというものです。つまり、製品のダメ出しをしているのと同じです。

成毛　確かにそうですね。

鈴木　そういう人を毎年何十万人と量産するのが、マークシート方式の今の大学入試センター試験なんです。一方で、白い紙に自由に論述していくとなると、2つとして同じ答案はできません。それこそがオリジナリティであり、イノベーションであり、クリエーションです。

成毛　そうですよね。大学の入試が変わると、高校、中学の教育が変わるだけでなく、輩出される人材も変わるということです。それはいいことですよね。これからの子供たちは、イノベーティブかつクリエイティブな人間になる教育を受けられるわけですから。

鈴木　ですから、マークシートに慣れきったお父さんお母さんは、子供たちにバカにされるようになってしまうかもしれません。

成毛　今、ちょうど小学生や中学生のお子さんがいる方は、要注意ですね。ただ、STEMだけ勉強すればいいというわけでもないでしょう。

鈴木　そもそも、STEMという言い方が古くなっています。ですから今頃「なぜSTEMを学ぶのですか？」と言っている大人は、1周どころか2周遅れています。

そして「なぜ学ばなければならないのか」がわからない大人は、今すぐ、ビジネスの現場から退いたほうがいいほどです。

■STEMだけでは不十分

成毛　以前、20年以上前のこと、私がマイクロソフトにいた頃、今はトヨタの社長になった豊田章男さんに「鶏そぼろ弁当効果」を解析するソフトを使って欲しいと言われたことがあります。

新幹線で東京へ出張するときに、名古屋駅の駅弁売り場に寄ると、いつも幕の内弁当しか残っていないんだそうです。自分が食べたかった鶏そぼろ弁当は先に売り切れてしまっているんですね。

問題は弁当の仕入れの数にあります。鶏そぼろ弁当が本当の売れ筋なのに、もともと少ない数しか仕入れていないので早めに売り切れる。逆に大量に仕入れた幕の内弁当はいつでも買えるから結果的に多く売れる、そこで店は明日も多く仕入れる。

これはつまり、売れるからといって白い車ばかりつくっていていいのかという話です。豊田章男さんは、そこに当時から気がついてビッグデータ解析をしようとしていたのです。しかも、それをパソコンにやらせようと考えていました。

鈴木　経営者には、そういったセンスが求められますね。今の鶏そぼろ弁当の話が理解できない人は、やはりビジネスの世界を引退したほうがいい。豊田章男さんはいわゆる文系学部出身ですが、それでもそういったセンスを磨くことはできているわけですから、他の経営者も言い訳はできません。

成毛　今となっては、経営者として当たり前ですよね。つまり、今さらＳＴＥＭをわかっているからと言って安心はできません。

鈴木　すでに教育界では、ＳＴＥＭだけでは不十分だと考えていて、シンギュラリティ以降は、善と美が人間の仕事として残ることを前提とした話をしています。

成毛　つまり、ＡＩに使われるだけの人間にならないためにＳＴＥＭは必須だし、ＡＩを利用した仕事をするためには善と美が理解できないといけない。

鈴木　ですから「ＳＴＥＭ＋アートとデザイン」が欠かせないのです。これを「ＳＴＥＡＭ」と呼ぶ人もいますが、まだ呼称として確立はしていません。

成毛　善と美が人間の仕事になったその先はどうなると見ていますか？

鈴木　善や美を科学で解明しようという試みが進むでしょう。ですから哲学、倫理、社会学、とりわけ社会性をつかさどる脳、社会脳の研究に興味を持っています。

第4章

学校では
教えてくれない
STEAMを学べ

学校の教え方がSTEM教育の足を引っ張る

これまで見てきたように高校時代からの理数系離れは、古い教育を受けた理数系に弱い大人と大学受験システムの悪影響が大きいと思われるのだが、教育の方法論にも問題があるのではないだろうか。

あえて、ここで断言してみよう。理数系に限らず、あらゆる分野の教育では楽しみも与えず、説明もなしに「要素」から教えることが問題なのだと。

ピアノを習いはじめても、途中で諦めてしまう人が多い。それは初級用教則本「バイエル」でのレッスン時期が長いことがひとつの原因となっているのではないか。無味乾燥な音符が並ぶ曲を延々と練習させられるのに、辟易《へきえき》とした人は多いはずだ。昔ながらのピアノのレッスンでは、まさに指を楽譜通りに動かすという「要素」をまずたたき込まれるのだ。

バイエルの途中で、よく知られたピアノ曲「エリーゼのために」の冒頭だけでも弾くように教えれば、ピアノの楽しさを実感できるだろう。音楽は誰かに聞かせたいという欲求を練習の原動力にするアートだからだ。すると、もっと多くの人が挫折せず、長期間ピアノを練習するようになるのではないだろうか。

もちろん基礎は大切だ。しかし、よほどの天賦の才でも持ち合わせていない限り、基礎の習得ばかりさせられていては、初級からピアノの楽しさを実感することはできない。

つまり、昔ながらの指導法は、音楽そのものよりも練習が好きな人だけが上手くなるシステムなのだ。

比較的早い段階からよく知られた曲にチャレンジして少しでも弾けるようになれば、それが大きな自信にもなる。もっと上手くなるために次のステップを目指そうという向上心にもつながる。

近頃はバイエルを使わないピアノ教室も増えているそうだが、それは当然のことだろう。

「はじめてピアノをならうこのために」と銘打たれた1998年刊行の『ぴあのどりーむ』という子供向け教則本では、「エリーゼのために」を簡単にした楽譜が使われている。音楽教育も進化し続けているのだ。

同じことをするにもアプローチが大切

理数系を学ぶことも、ピアノのバイエルと同様に「要素」だけではつまらない。目の前の勉強が何に役立つのか、わからないからだ。

しかし、同じことを学ぶにしても、たとえばスマホで「なぜ自分がどこにいるのかがわかるのか」という身近な疑問をたまにとり上げて勉強したりすると、途端に楽しくなるはずだ。

スマホは複数のＧＰＳ衛星の電波を受けている。

ポケモンＧＯがプレイできるのも、ＧＰＳによって居場所が特定できるからだ。

現在使われているＧＰＳの位置測定精度は、原理的には10㎝単位である。しかし、上空を飛んでいるＧＰＳ衛星やビルなどの影響で、実際には10ｍ単位になっている。

これがスマホの場合、無線ＬＡＮ（Ｗｉ‐Ｆｉ）や携帯電話会社のアンテナなどの位置情報を使うため、１ｍ単位まで精度が上がる。さらに日本が打ち上げた準天頂衛星「みちびき」を利用すると10㎝にまで精度が上がる。

近未来の位置測定システムは、人間がベッドから落ちたことまで感知できるようになるだろう。そして、間違いなく介護の現場などで応用されることになる。

ＧＰＳ衛星からの電波は空間で球形に広がるので、スマホからすると幾つもの球の交点に自分がいることがわかる。

その交点を計算するためには三角測量ができればいい。その三角測量には、高2で学ぶ三角関数の知識が必要で、三角関数を学ぶために小5で図形の性質を学んでいる、といった具合に実例からブレイクダウンできる例は無数にある。大人か子供かを問わず、それぞれの琴線に触れる勉強の〝お話〟があっていい。

このＧＰＳの話は物理（科学）でも応用できる。ＧＰＳ衛星はアインシュタインの相対性理論を使っているからだ。ＧＰＳは相対性理論を使わなければ、精度の低いままのテクノロジーなのである。

相対性理論を学ぶためには、古典力学などの基礎物理を学ぶ必要がある。

ＧＰＳ衛星は、正確な位置と時刻をスマホのＧＰＳセンサーに送っている。だが、スマホは地上で地球の重力の影響を受けるため、ＧＰＳ衛星よりも時刻の進みが速い。一方でＧＰＳ衛星は高速移動するので、時刻の進みが遅くなる。

この両方の効果を合算するとGPS衛星の時計を100億分の4・45秒ほど遅く進むように補正しなければならないのだが、このときに相対性理論が欠かせないのだ。

実際のところ、相対性理論がなくてもカーナビやグーグルマップ程度の位置情報の精度では、ほとんど影響はない。しかし、進行方向などを連続的に補正しながら高速で飛行する巡航ミサイルなど、より高精度の環境では必須となる。

GPSを開発したのはアメリカ空軍だということを忘れてはならない。

ともかく、こんなふうに身近なことからブレイクダウンしていくように教えれば、夏休みの自由研究のために、量子力学や相対性理論そのものを理解しようと考える子供たちも増えてくるに違いない。

それで十分だと思う。何も全員が量子力学を理解する必要はない。

ただ、理解できるかもしれない子を、理数系に弱い大人や学校教育の拙さによって、あまりに早く遠ざけてしまっている現状には、何のメリットもない。

少なくとも今学んでいるつまらない理論や数式が、世の中で何に役立っているかだけでも、数学（算数）や理科の授業で教えてほしいものだ。

〝理数通〟になる近道

小・中学校時代には苦手ではなかったのに、高校以降、理数系から遠ざかってしまった人は、今からとり返すしかない。そして、必ずやとり返すことができる。

理数系を遠ざけたまま人生を過ごすこともできなくはないが、その逃げ切りが許されるのは、せいぜい50代よりも上の世代だろう。あと10年間、何とか今の仕事にしがみつければいい世代なら、理数系を遠ざけたままでいいかもしれない。

しかし、それよりも若い世代はもう1度学び直すべきだ。そうしないと仕事を失ったり、さまざまな面で損をする可能性が高いことは再三指摘してきた通りである。

今のままでは、現状を維持することもままならない。あっという間に置いてけぼりを食らうだろう。

逆に周囲が「今さらサイエンスやテクノロジーなんて」といった雰囲気ならば、しっかり学んで周囲に差をつけるチャンスでもある。問題は、どう学ぶかだ。

あらためて学校へ通うわけにもいかないし、そもそも仕事が忙しくて時間がない人がほとんどだろう。

そこで独学だ。独学で十分なのだ。基本的にこれからの学びは高等教育でこそ自習になると思う。といっても、参考書を読んだり、通信制大学・大学院の「放送大学」を視聴したりする必要などない。

いきなり難しいことを学ぼうとすると、高校時代と同じになってしまう。

まずは身近なサイエンスやテクノロジーを肌で感じることが先決だ。それで面白さを実感し、自ら率先して詳しくなりたいと思うように、自分をけしかける。そうすることが、遠回りなようで近道である。

サイエンス系のテレビを1・3倍速で視聴

独学に最も適しているのは、もちろん読書だ。本は場所を選ばず、自分のペースで読むことができる。まずは1冊、気になっている分野のサイエンス系の読み物を買って読んでみるといい。

途中でわからないところがあっても気にしない。最初の1冊は、とにかく最後まで読み通すことが肝心だ。そのためには　薄い本、文字数が少なめの本を選ぶものいい。続いて読むのは、最初に読んだ本で引っかかった部分、面白かった部分について書いてありそうな本ではなく、まったく関係のなさそうな本だ。

何かの専門家になるわけではないから、広く浅く理数系に触れるつもりで読んでいくのが基本的なスタンスとなる。第6章にはこれからを生き抜くための必読書を紹介しているので、ぜひ参考にしてほしい。

本に加えて、案外とバカにできないのはテレビ番組だ。NHKの番組を中心に、サイエンス系について詳しく、なおかつわかりやすいものが幾つもある。

それらをすべてリアルタイムで視聴するのは難しいだろう。ハードディスクレコーダーに予約録画して、自宅に帰ってきてから1・3倍速で再生するといい。私は実際、そうやって視聴している。

BGVとして〝流し見聞き〟すればいい

ハードディスクレコーダーに録りためたサイエンス系の番組を、じっくりと腰を据えて見入る必要なんてない。

BGMと同じように、BGV（バックグラウンドビデオ）として流しておけばそれで十分だ。それでも今、何が話題になっているかくらいはわかる。

これを実践してみると、お笑い番組ばかり見ていたような人は、これまでどれだけ貴重な情報をみすみす逃してきたかを実感することになるだろう。

サイエンス系のおすすめ番組ベスト3は、いずれもNHKだが、以下の通りである。

「サイエンスZERO」
「コズミックフロント☆NEXT」
「モーガン・フリーマン 時空を超えて」

「サイエンスZERO」は比較的短い30分番組で、ナビゲーターの女性は妙にかわいいが、じつは骨太の番組だ。

重力波、VR（仮想現実）、ウルトラファインバブル（超微細気泡）、113番目の元素・ニホニウム、ディープラーニング（深層学習）、セルロースナノファイバー、耐塩性作物など、最新の科学技術をしっかりと押さえている。

ゲストに、その道の大家が登場するところも素晴らしい。

先頃、ノーベル生理学・医学賞を受賞した大隅良典東工大栄誉教授は、2015年9月放送の同番組に出演し、その受賞理由である「オートファジー」について解説していた。この番組にゲスト出演する研究者から、今後もノーベル賞受賞者が生まれるかもしれない。

「コズミックフロント☆NEXT」は、宇宙に関する最新の知見を紹介する番組だ。ビッグバンなどの宇宙論から最新の人工衛星まで、毎回ロマンにあふれるテーマで1時間の番組を構成する。

生命がいるかもしれない太陽系に最も近い惑星、恐竜絶滅を引き起こした隕石《いんせき》の起源、ダークマター（暗黒物質）とダークエネルギー（暗黒エネルギー）。

興味のない人にはまったく意味不明かもしれないが、子供の頃に夜空を眺めて、「あの星の先には何があるんだろう」と思ったことのある人にとって、1時間の放送は短く感じるかもしれない。

現代のビジネスシーンでは〝いかにものごとを柔軟に発想できるか〟が重要になっ

てきている。そのためには子供の頃に抱いていた「好奇心」を維持する必要があるだろう。そのためにもこのような番組が直接的ではないが、ボディブローのように効果的だと思うのだ。

投資家視点で読む

雑誌も独学に向いている。いかにも勉強のための雑誌ではなく、読み物として面白い雑誌をチョイスすると結構楽しめる。

まず手にすべきはハードルの高い『大学への数学』などではなく、『ナショナルジオグラフィック日本版』や『ニュートン』といったビジュアルが美しいサイエンス誌や、『日経ものづくり』などの専門誌、そして『週刊東洋経済』『週刊ダイヤモンド』『日経ビジネス』などのビジネス誌である。

『ナショナルジオグラフィック』というと、野生の動物などの写真をイメージする人もいるかもしれないが、それだけではない。

「ゲノム編集」「最新の科学捜査」「文化財の闇取引の現状」「自然の癒やし」「生死の

境」など、社会性の高い最新のサイエンス系の話題も豊富であり、文章も読みやすくてわかりやすい。

ｉＰａｄを持っているのであれば、ｉＰａｄ日本語版『ニュートン』の講読を強くおすすめする。

単に月刊誌をデジタル化したものではなく、インタラクティブ（双方向）なコンテンツや動画も追加されており、自分だけでなく親子でも楽しみながら最先端のサイエンスに触れられる稀有《けう》な媒体だ。年間購読料は12号で３０００円と、果たしてこれで利益が出ているのかと心配になるほどコスパ抜群だ。

『日経ものづくり』は製造業界で働く人のための専門誌だから、門外漢が隅から隅まで理解しようと思って読むと、早々に挫折する。

ポイントは、投資家視点になって読むことにある。

「こんな新しいテクノロジーを開発したベンチャーには１００万円だけでも投資してみたい」などと、ある種のロールプレイングゲームのように可能性を感じられるものが、ひとつでも見つかればそれで十分だ。

専門誌を読み続けるときのフラグ

投資家視点で専門誌を読んでおけば、ふとテレビやネットで何かのニュースを見聞きしたとき、点と点（情報と情報）が結びつくこともある。

旅行や出張で訪れたことのある町で起きたニュースには、訪れたことのない町で起きたニュースより強い関心を持つのと同じことだ。

専門誌を読むことは、普段の生活に埋もれているテクノロジーやエンジニアリングに関するニュースに関心を持つきっかけになる。

そのきっかけは、専門誌を読み続けるときの〝フラグ〟にもなる。簡単に言うと「あ、これは面白いのでは！」と気づけるようになるのだ。

以前注目した新しいサイエンスやテクノロジーを上書きするような情報が出てくれば、それにも関心を持てるようになる。

一方、ビジネス誌はビジネスのトレンドがコンパクトにわかりやすくまとめられているところがいい。それにビジネス誌が特集を組むということ自体、そのテーマが注目に値すべき分野であることを示してくれている。

全ページを読み込まなくても、表紙にある特集のタイトルをチェックするだけで効果的だ。紙媒体の特集こそ、ビジネス誌の編集にプロとしてかかわる記者たちの最先端の問題意識の現れだからだ。

ここ1年だけでも『週刊ダイヤモンド』では「コンビニを科学する」「勝者のＡＩ戦略」「ビジネス数学の最終兵器　確率・統計入門」「世界を変えるｉＰＳ」、『週刊東洋経済』では「最新科学でわかった『脳』入門」「ＩｏＴ発進」「いますぐ始めるプログラミング」「クスリ最前線」など興味深い特集があった。

各ビジネス誌にはオンライン版もあり『東洋経済オンライン』は月間2億ページビューという人気サイトになっている。

しかし、オンライン版には紙媒体のように特集がない。だから、紙媒体離れが進みつつある今、あえて紙媒体にも目を通すのだ。

他人と同じことをしていては、他人と同じ程度にしかなれない。

コラム

もはや中国製はあなどれない

2016年6月、中国製の立ち乗り電動二輪車「ナインボット」を買った。10万円ほどのモデルがあったので思い切って買ってみたのだ。

立ち乗り電動二輪車というと、2005年の日米首脳会談の際、当時のブッシュ米大統領から贈られた「セグウェイ」に乗って、小泉純一郎首相が公邸から官邸に出勤したことが報道され、話題になったことがあった。

そのセグウェイを2015年に中国企業のナインボットが買収した。しかし、ナインボットというよりセグウェイのほうが日本では通りがいいので、私はセグウェイと呼んでいる。

そのセグウェイ、家の中や庭で乗ってみると、ちょっとしたコツはいるものの10分程度で乗り回すことができた。じつに楽しい。

思いのほかスピードが出るし（メーカーのスペックで最高時速20㎞）、1回の充電で20㎞ほど移動できるのも素晴らしいと思った。

セグウェイを使った鬼ごっこのような遊びは人気が出るのではないか。今、フットサルのコートになっているところの何か所かは、そのうち〝セグウェイ鬼ごっこ〟の会場になるかもしれない。

すでに幾つか持っているのだが、小型無人飛行機「ドローン」も買った。

搭載されるカメラは「4K」、ブレを防止する「3軸ジンバルシステム」によって無人自動空撮ができる「ファントム4」という最新モデルが出たので、いても立ってもいられなくなったのだ。

飛ばせる場所は限られているが、これまでは限られた機材と資金を持っている組織にしかできなかったような空撮も、個人でできるようになる。

ドローンの「DJI」（深圳市大疆創新科技）も、ナインボットと同じく中国企業である。どちらとも実際に使ってみると性能・デザインともに申し分ない。

中国製はまがいもの、質の悪いものという認識はそろそろ改める時期になっているようだ。製品デザインは、パッケージにも反映されている。きれいなパッケージに入った状態で手元にやってくるので、開ける前からワクワクさせられる。

同じことを感じている人は多いのだろう。買った人による〝開梱の儀〟の動画がユーチューブに幾つもアップされている。

なお、開梱の儀は「Unboxing」というタイトルで、全世界中で見られている、素人がつくった動画コンテンツだ

ユーチューブといえば、動画のマニュアル集としても非常に有用な場になっている。

さまざまなモノの組み立て方、修理方法などが幾つも公開されており、ユーチューブは違法動画だらけという認識も、改めたほうがいいと思う。

第5章

マーク・ザッカーバーグはSF小説に発想を得る

フィクションがクリエイティブの源泉

STEAMの知識が豊かになりさえすれば、必ずしも明るい未来が待っているわけではない。

STEAMの知識はパーツであり、それぞれに関連性を見いだし、組み合わせて活用する手腕、それを支える思考回路が欠かせない。

そのためには、STEAMの知識とは別に「想像」と「創造」のふたつの力が欠かせない。言い換えれば、「イマジネーション」と「クリエイティビティ」の力ということになる。

だからといって、イマジネーション力養成講座や、クリエイティブ能力開発塾のようなものに通っても意味がないだろう。

両方とも小手先のテクニックでは養われない力だからだ。

ゼロから唯一無二のイチを生み出すような力は、常識にとらわれず、他人が選ばないような道を突き進み、ときに失敗しながら経験値を上げるしかない。

このプロセスはＡＩには代替できない、人間にしかできないことである。

しかし、ひとりの人間が一生のうちに体験できる事柄には限りがある。失敗をして経験値を上げても、それを活かすチャンスが訪れる前に寿命を迎えてしまうことだって十分に考えられる。

だからこそ、他人の経験値を疑似体験することが活きてくる。

では、どのように疑似体験するかというと、「フィクション」。たとえば小説を読むことが活きてくる。

それもできるだけ荒唐無稽な小説がいい。おすすめは、ＳＦ（サイエンス・フィクション）だ。

ＳＦを直訳すると「科学小説」となるが、日本では長い間〝空想小説〟のような扱いを受けてきた。それもそのはずで、見たことのない機械やシステム、さらには宇宙人などが登場し、それによって実世界では体験できないような物語が展開されることが多い。

だが、ＳＦの本質を見逃してはならない。

ＳＦと二次方程式と宇宙工学と

19世紀フランスの小説家ジュール・ヴェルヌは、「ＳＦの父」と呼ばれるサイエンス・フィクションの開祖だ。その代表作が『八十日間世界一周』と聞けば、「あの本の作者か！」と膝を打つ人も多いだろう。

主人公はわずか80日間で世界一周ができるかどうか、仲間と賭けをして旅に出る。移動手段は、蒸気船と鉄道だ。

このＳＦと同じ時代、イギリスの旅行代理店トーマス・クックは２２２日間での世界一周旅行を実現しているから、80日間というのは、当時としてはかなり短期間だ。だからこそフィクションなのだが、ヴェルヌのリアリティある表現もあって、将来的には実現可能であることを感じさせ、多くの読者を引きつけた。

ちなみに現在、最も早く地球を周回する乗り物は国際宇宙ステーション（ＩＳＳ）だ。90分間で地球を一周する。

80日間は１９２０時間だから、90分間となると、ヴェルヌが考えた世界一周に比べ、

１２８０分の１の時間短縮になる。

その時間短縮を可能にしたのは、二次方程式や三角関数が解けなければ決して理解できない宇宙工学であり、量子力学が理解できなければ設計できない数々の半導体を用いたデバイスだった。

『海底二万里』もジュール・ヴェルヌの代表作だが、二万里というのは翻訳の都合でつけられタイトルで、実際には〝海底六万哩《マイル》〟である。

フランス語の原題は〝Vingt mille lieues sous les mers〟（海底二万リュー）なのだが、英語版はそれを直訳して〝Twenty Thousand Leagues Under the Sea〟（海底二万リーグ）とされた。

ところが日本では、「リュー」や「リーグ」という距離の単位に馴染みがないため、その単位を換算して日本語版では当初、『海底六万哩』とされた。

ところがどういうわけか、この邦題と原題がミックスされてしまい『海底二万マイル』という題名が一般に広まった。

そこで日本の距離の単位「里」とフランスの「リュー」がほぼ同じ距離で、語感も似ているため、結局は『海底二万里』という玉虫色のタイトルに落ち着いたという事情がある。

さて、原題通りの2万リューは、およそ10万kmである。これでは地球のサイズを超越してしまう深さになってしまうが、現在、「海洋研究開発機構」（ＪＡＭＳＴＥＣ）は海底１万２０００ｍまで潜れる有人探査船の開発計画を進めているし、『海底二万里』に登場した最先端の潜水艦ノーチラス号の名前は、１９５４年に就役した世界初の原子力潜水艦にそのまま名づけられている。

20世紀の日本にも、現実世界の一歩先を描いていたＳＦ作家がいる。短編小説よりさらに短い「ショートショート」の神様と呼ばれる故・星新一は、１９５０年代からＳＦ小説を書きはじめ、アンドロイドを登場させた『ボッコちゃん』、宇宙ステーションを見越した『いじわるな星』、個人がメディア化する『宣伝の時代』、マイナンバーを予見していたかのような『番号をどうぞ』、そしてインターネットを彷彿とさせる『声の網』など、ＩＴ時代の到来を予測するような物語を幾つも書いてきた。

これらは読み物として面白いだけでなく、学者が論じる未来予想図よりもずっと的を射ていたのではないか。

世界の経営者はなぜSFを愛読するのか

こういったＳＦを読むと、イマジネーションやクリエイティビティが培われるのは間違いない。

「Inc.」(http://www.inc.com) というサイトが、ビル・ゲイツ（マイクロソフト創業者）、スティーブ・ジョブズ（アップル創業者）、ラリー・エリソン（オラクル創業者）、マリッサ・メイヤー（ヤフーＣＥＯ）など、世界の著名な経営者22人の愛読書をまとめて紹介している。

『イノベーションのジレンマ』『ビジョナリー・カンパニー』など、〝いかにも〟なビジネス書もあるが、『五次元世界のぼうけん』『銀河ヒッチハイク・ガイド』『エンダーのゲーム』などのＳＦも多い。

『五次元世界のぼうけん』は、アメリカ人作家マデレイン・レングルによる児童向けＳＦだ。３人のきょうだいが、行方不明になった父親を探すため時空を超えた旅に出るという物語で、日本では１９６５年に刊行され、残念ながら現在は絶版になっている。

余談だが、近々復刊するのではないかと私は期待している。というのも、映画『アナと雪の女王』を手がけたディレクターが、次の作品をこの『五次元世界のぼうけん』に決めたというニュースを耳にしたからだ。

この本を愛読書として挙げたのはアマゾンの創業者、ジェフ・ベソスである。彼は2000年に「ブルー・オリジン」という民間宇宙開発企業を買収している。

SFが宇宙事業のきっかけ

『銀河ヒッチハイク・ガイド』は184ページでも紹介するが、ダグラス・アダムスによるコミカルなSFシリーズの第1作だ。

ひょんなことから最後の地球人になってしまった主人公が、偶然知り合った宇宙人と宇宙をヒッチハイクして流浪する、宇宙版の弥次喜多道中のような物語だ。

そこで遭遇する事件が面白おかしく、一方で考えさせられる。

もともとは1978年にBBC（英国放送協会）ラジオで放送されたラジオドラマ

だったのだが、小説化され、２００５年には映画化された。

これを愛読書に挙げたのは、ベンチャー事業を次々と立ち上げる「シリアルアントレプレナー」として有名なイーロン・マスクだ。

イーロン・マスクは、今ではネット決済大手となった「ペイパル」を創業、さらに「テスラモーターズ」で電気自動車（ＥＶ）をつくるだけでは飽き足らず、「スペースＸ」という会社も立ち上げて宇宙開発に乗り出している。

南アフリカ生まれのイーロン・マスクは、ペンシルバニア大学のビジネススクールであるウォートン校を卒業し、高エネルギー物理学を学ぶためにスタンフォード大学の大学院に入学している、いわば〝文理両道〟の人物だ。

１８５ページで紹介する『エンダーのゲーム』はアメリカの有名なＳＦ作家オースン・スコット・カードの著作で、日本では短編版が１９８５年に、長編版が１９８７年に刊行された（長編版は２０１３年に新訳版が復刊）。

この物語は２０１３年にハリソン・フォード主演で映画化され、ゲームソフトにもなっているので、ストーリーを知っている人も多いだろう。

物語は、地球人と宇宙人との最終戦争を指揮するために選ばれた男の子の成長譚《たん》だ。

これはマーク・ザッカーバーグ（フェイスブック創業者）の愛読書である。

ザッカーバーグは今のところ宇宙関連のビジネスに乗り出していないが、アマゾンとテスラモーターズのＣＥＯが、かつて愛読していた物語の世界に進出していることは注目に値する。

もしも彼らが幼い頃に妄想力をかき立てられていなかったら、果たして今のような立場にいただろうか。

日本のベンチャー経営者にもＳＦを愛読する人がいるかもしれない。少なくともＳＦ映画のファンはいるだろう。メディアの取材などでとりあげられないので、知られていないだけかもしれない。

経営テクニックなどより、その人の発想を培った知的体験に触れるほうが、はるかに役に立つのに、とつくづく思う。

イノベーター対談 × 堀江貴文
（ホリエモン）

ホリエモンこと堀江貴文さんとは、顔を合わせればサイエンスとテクノロジーの話ばかり。堀江さんが東京大学在学中に起業し、ライブドアを急成長させたのは誰もが知るところ。現在はロケットの開発を手がけたり、ピロリ菌除菌による胃がん予防の啓蒙《けいもう》活動をしたりと幅広く活躍している。次の興味はどこに向いているのか。目下の関心事を互いにぶつけ合ってみた。

堀江貴文（ほりえ・たかふみ）

1972年福岡県八女市生まれ。実業家。SNS media&consulting株式会社ファウンダー。元株式会社ライブドア代表取締役CEO。東京大学在学中の1996年に有限会社オン・ザ・エッジ（後のライブドア）を起業。2000年東証マザーズ上場。2006年証券取引法違反で東京地検特捜部に逮捕され、実刑判決を下され服役。現在は自身が手がけるロケットエンジン開発を中心に、スマホアプリ「TERIYAKI」「焼肉部」「755」のプロデュースなど幅広く活躍。有料メールマガジン「堀江貴文のブログでは言えない話」は1万数千人の読者がいる。2014年会員制のコミュニケーションサロン「堀江貴文サロン」（現・堀江貴文イノベーション大学校）をスタート。2015年エビデンスに基づいた正しい予防医療の知識啓発を目指し「予防医療普及委員会」（現・予防医療普及協会）を立ち上げる。胃がんの原因となるピロリ菌除去の重要性を伝える「ピ」プロジェクトを行う。

きっかけがあれば詳しくなる

成毛　最近、フェイスブックでサイエンスやテクノロジーについてのエントリーを書くと、以前よりも「いいね！」の数が増えたような気がするんです。みんな、この分野に関心を持つようになったのかなと。

堀江　確かに関心は高くなっているかもしれませんね。この間、放射線治療のプラットフォームをつくっている東大医学部の先生と話をしたんですが、東日本大震災以降、一般の人の放射能への理解が深まっているように感じると言っていました。一応、「α《アルファ》線、β《ベータ》線、γ《ガンマ》線ぐらいはわかるようになったんじゃないか」みたいな。だから、理解する人は増えたみたいです。一方で、誤解したままの〝放射脳〟の人もいるみたいですけど。

成毛 何かが起こると、それがきっかけで詳しくなることはあるんだよね。築地市場の豊洲移転問題では水質に詳しくなっただろうし。

堀江 盛り土についても。

成毛 そうそう。同じくJR博多駅前での道路陥没事故のときには、トンネルに詳しくなった人がいると思う。あそこは「ナトム工法」でつくっていたみたいだけど。

堀江 ちなみにどんな工法なんですか。

成毛 掘削機でトンネルを掘り進めながら、内壁にコンクリートを吹き付ける工法だね。硬い岩盤の山岳トンネルを掘るときに使うことが多いんだけど、崩落しないように約1m掘り進めるごとにコンクリートで固める作業を繰り返す。

都市部の地下鉄では、円筒形の掘削機で掘り進めて壁面にブロックを組み込むシールド工法が広く採用されているんだけどね。

■ピロリ菌は除菌しただけでは不十分

堀江　最近、ピロリ菌の除菌をすすめる啓蒙活動をしているんですけど。

成毛　ピロリ菌は胃がんや胃潰瘍、十二指腸潰瘍なんかの原因だからね。

堀江　だから胃にピロリ菌がいるか検査して、除菌しようっていう話なんですけど、そこまではわかっていても、1回除菌したらそれで大丈夫だと誤解している人も多いんですよ。そもそもの話をすると、胃にピロリ菌がいると、胃の粘膜が腸の粘膜のような状態になってしまう（腸上皮化生という）んですよ。この現象が、がん化への第一歩。これさえなければ、がん化することはないといわれています。

成毛　そのあたりは、専門医が内視鏡検査をしたらわかるでしょう。

堀江　わかります。だから、そうなっていたら、ピロリ菌がいるということだし、1回除菌したからって、腸上皮化生が正常な状態に戻るとは限らない。だから毎年、胃カメラは飲まないとダメなんです。元Ｆ１ドライバーの鈴木亜久里さんは、除菌後にも毎年内視鏡検査をして、それで胃がんの早期発見につながりました。

成毛　早期に見つかれば、手術も楽でしょう。
堀江　内視鏡手術で切除できるケースが多いので、予後もいいし、QOL（患者の生活の質）も下がりません。でも、がんが進行して胃を半分とか3分の2とか切除した人のQOLはかなり下がります。たとえば、血糖値のコントロールが上手くいかなくなって、運転中に意識を失ってブラックアウトすることもある。
成毛　大変だ。だからがんになると、飛行機の操縦免許は返上しないとならないんだよね。
堀江　そうです。パイロットががんの罹患《りかん》歴を隠して勤務していたと発覚することがあるけれど、それは職を失ってしまうからです。

あと、ピロリ菌は年をとると除菌しにくくなります。というのは、除菌に使う抗生物質に、それまで飲んだいろいろな抗生物質で耐性ができるから。だから、大人になってからだと除菌できない人もいます。逆に中学生とかは、ペニシリン系の抗生物質で除菌ができます。

成毛　つまり、彼らはそれまでペニシリン系の抗生物質を摂取していない。

堀江　そうです。環境が変わってペニシリン耐性菌が少なくなって、使われなくなってきたから。ぐるっと回ったんですよ。これ、面白いなと。

成毛　がんの予防といえば、子宮頸《けい》がんのワクチンの問題も根深い。

堀江　あれは大変ですよ。この間、アレルギーとかワクチンの抗体検査をしたんですけど、僕は唯一、風疹の免疫がないことがわかったんですよ。

成毛　なぜないんでしょう。予防接種してないの？

堀江　という話を、ちょうど今日、ここへ来る前に、医師免許を持ったコンサルタントに聞いてきたんですけど、35歳から45歳の間の、ちょうど僕くらいの世代って、何かの理由で風疹のワクチンを1回しか打っていないらしいんですよ。だから、その世代の人たちには風疹の免疫を持っていない人が多いんです。同じことが今後、子宮頸がんでも問題になりますよ。摂取を中止しているこの何年かの世代が大人になったとき、きっと子宮頸がんの罹患率が急激に高まります。

医療リテラシーを高めよう

成毛　ワクチンの副作用について過度に反応している人は、そうやって世代全体に影響を及ぼしかねないことを理解しているんですかね。とてもそうは思えないけど。

堀江　それも〝放射脳〟の人たちと同じですよ。ゼロリスクなんてものはないんだということを理解しないから、大騒ぎしているので。副作用の原因が本当にワクチンであるか証明できないことを、理解していないんです。

成毛　だから、ワクチンが原因である可能性は否定できない。

堀江　あの注射は筋肉注射だから痛いうえに、性交経験のない思春期の女子に打たないといけないんです。その世代はもともとホルモンバランスが不安定で、そこへ恐怖の体験をすれば、情緒不安定になる子もいるでしょう。

成毛　それに、どちらのほうが死に至る確率が高いかを考えたほうがいいですよ。

堀江　子宮頸がんでは年間約1万人が発症して、３５００人くらいが亡くなっています。このがんは〝マザーキラー〟と呼ばれるくらい、小さな子供がいるお母さんが亡くなっちゃう病気です。ならないほうがいいに決まってるし、ワクチンを接種すれば罹患率はかなり下がります。だから防ぎましょうよって話なんです。

成毛　肝臓がんも、最近は治るようになってきているでしょ。

堀江　C型肝炎の根治薬がありますからね。高いけど、これはすごい薬ですよ。

成毛　ということを知らないと、C型肝炎を放置して、肝臓がんになることもある。本人のためにも、国全体の医療費抑制のためにも、こういったことは知っておいたほうがいいと思うんだけど。

堀江　予防したほうが確実に医療費が下がるといえるのは、まだ全体の20％くらいですけど、データはこれからそろってくるでしょう。

成毛　それにしても、医療に詳しいよね。きっかけはピロリ菌でしたっけ。

堀江　健康で長生きするためにはどうしたらいいか、自分のために調べていたし、周りの人にも言っていたんですけど、何か新しいことを習慣化するには契機が必要ですよね。何が契機になるかなと思っていたときにピロリ菌の権威の先生に出会って、わかりやすいし、これだと思って。

成毛 なるほどね。

堀江 食事には気をつかっているのに運動はしない、みたいな人がいるじゃないですか。一方で50代、60代でもめちゃくちゃ元気で肌つやのいい人もいますよね、GMOインターネット会長兼社長の熊谷（正寿）さんなんて、とても50歳を超えているように見えないですよ。

そういう人がなぜ増えているかというと、健康意識が高まっているからですよね。健康長寿も若さのキープも、努力によってある程度できるんだろうなと思うので、それを含めて啓蒙をしていきたいんですよ。

成毛 医療ビジネスとして？

堀江 継続的にやるには、ビジネスにしなきゃいけないですからね。今はクラウドファンディングで集めた資金で、ピロリ菌の検査キットの郵送をしています。

■ポケモンGOをやらずしてインターネットの未来を語るな

成毛　先日、LINE（上級執行役員）の田端（信太郎）さんが、「G1経営者会議」に参加していた人の8割近くが「ポケモンGO」をやったことがないと知って嘆いていたんです。それを聞いて2年前、早稲田大学のMBAの僕のクラスに来ている社会人に聞いたら誰も「Ingress」（イングレス＝位置情報を利用したゲームアプリ）をやったことがないというのに驚いたことを思い出しました。

堀江　イングレスは僕が刑務所から出た後だから、2、3年前のものだけど、ポケモンGOは革命ですよ。ここに正解があったのかという感じ。GPSやいろいろなセンサーの精度も高まったのでタイミングもよかった。

位置情報とゲームを組み合わせたイングレスがスマッシュヒットして、ポケモンGOがそれをあれだけ大衆化して、人の流れをつくり出したってすごいことですよね。だって、ポケモンを探すために、路地裏に人が集まるんですから。

成毛 それを体感しないで、これからのインターネットは語れないと思うんだけど。

堀江 やるべきだと思いますね。やらないとわからないことはあるし。ポケモンGOは「ウルティマオンライン」（大規模多人数同時参加型オンラインロールプレイングゲーム＝MMORPG）みたいな存在だと思いますよ。あれが従来のRPGからMMORPGへシフトさせたわけですから。

成毛 他に今こそ触れておいたほうがいい技術と言えば「VR」でしょう。

堀江 あれこそ、イノベーションをうまく起こす教科書みたいなものですよ。

「Oculus VR」（オキュラスVR）のパルマー・ラッキーは10代の頃、スノーボードのゴーグルにアンドロイドのスマホを2つ入れてレンズをつけて改造して、VRのヘッドマウントディスプレイをつくった。それをクラウドファンディングの「Kickstarter」（キックスターター）に出したら、今はオキュラスのCTO（最高技術責任者）をやっているジョン・カーマックたちに支持されて、7～8億円を集めてしまった。それで開発キットをつくったら、フェイスブックに20億ドルで買収された。

で、この間、「Oculus Touch」（オキュラス・タッチ＝ハンドコントローラー）

の最新版を触らせてもらったんですが、すごいですよ。VRでボールをつかんで投げられるし、卓球もできる。

あと、これはAR（拡張現実）の話ですけど、マイクロソフトが開発した「ホロレンズ」（メガネ型端末）もすごいです。1年半くらい前に、NASAの宇宙ロボット「火星ローバー」の研究施設を見せてもらったんですけど、火星探査機「キュリオシティ」を遠隔操作するのに、ホロレンズを使う研究をしてるんですね。あれはすごく出来がいい。その後、マイクロソフトにホロレンズを見に行ったら、「マイクロソフトバンド」（腕時計型情報端末）がいいよと言われて。

成毛　スマートウォッチね。

堀江　確かによかったんで、ニューヨークのマイクロソフトショップで買っちゃいました。

成毛　最近のマイクロソフト、いいんだよね。「Surface Pro」（タブレットPC）も評判がいいし、十何年ぶりにマイクロソフト製品を買いそうになったもの。

堀江　かっこよくなってきましたね。ただし、ショップは相変わらずダサイ。あの袋を手にして歩きたいとも思わない。恥ずかしくてすぐに詰め替えましたからね。

成毛 さっきのオキュラス・タッチはいくらくらい？

堀江 まだ開発者向けキットしかないですけど、もうすぐ発売されるんじゃないですか。だから、プレイステーションVRのほうが身近ですね。

成毛 4万8578円だからね。

堀江 それでも、まだ高いかな。1万5000〜2万円くらいなら、みんな買うでしょうね。

■ パーソナルモビリティが普及するには？

成毛 車はどうですか。

堀江 僕は「パーソナルモビリティ」（1人乗り移動機器）はアリだと思ってます。座り方によって背もたれや座面が動いたりして、それでも全然、倒れないような超カッコいい「アーロンチェア」みたいな感じのヤツ。

成毛 この間、10万円で「セグウェイ」を買ったんだけど。

堀江 どんなのですか。棒はあるんですか？

成毛　正式な名称はセグウェイじゃなくて、「Ninebot mini Pro」（ナインボット・ミニプロ）っていう中国の「Xiaomi」（シャオミ）って会社のもの。棒っていうか、太ももで挟むだけ。タイヤ径は30㎝くらいで、最高速度は時速18㎞。バッテリーで30㎞走る。乗るまではおもちゃだと思ってたけど、実際に乗ってみるとパーソナルモビリティの可能性の高さがわかった。これは面白いし、絶対買ったほうがいい。

堀江　それはスタッフに買っといてもらおう。じつは知り合いにナインボットでバドミントンやってる奴がいるんですよ。クリケットも、アメリカではリーグがあるくらい流行ってるらしくて。スティーブ・ウォズニアック（アップル共同創業者）が金を出してるんですけど。

成毛　わかるなあ。以前は１００万円以上していたのが今じゃ10万円だから、そのうち5万円くらいになるでしょう。

堀江　なりますね。

成毛　だから行けると思う。田舎の交通や物流の「ラストワンマイル」にも使えるし。

堀江　以前のように１００万円以上していたら、軽自動車が買えるだろうという感じだけど、この値段でこの実用性なら絶対に行ける。でもこれ、シャオミじゃなくて

日本企業、僕らでも同じようなものがつくれるはずですよ。

成毛 そうすると、強いのはアセンブリする企業じゃなくて、センサーのようなコンポーネントをつくれる企業でしょう。そこが最終的な支配者になりそう。

堀江 僕は、すべてを垂直統合するアップルみたいな立ち位置はアリだと思いますよ。そのモデルでパーソナルモビリティをつくるのは、絶対アリ。

成毛 パソコンに対するスマホみたいな。

堀江 そうそう、そうです。スマホはみんな持ってるし、2台持ちもいる。パーソナルモビリティもそうなりますよ。乗り物だからシートのカスタマイズとか、みんなやりたがるはずですよ。
この間、コピーライターと言葉とイノベーションみたいな話をしていたんですけど、キャズムを越えるのに何が必要かというと、言葉じゃないかという結論に達したんですよ。たとえば、クールビズ。あの言葉が生まれたおかげで、夏場はジャケットとネクタイをつけないというスタイルがキャズムを越えました。
それからｉＰｈｏｎｅ。かつてシャープ「ザウルス」とかソニー「クリエ」、アップルも「ニュートン」っていう携帯情報端末を出していたけど、まったく流行らなかった。「ＰＤＡ」とか「電子手帳」とかいう言葉が悪かったからですよ。でもこれはｉＰｈｏｎｅです、つまり電話ですと言ったとたんに、みんなが飛びついた。

成毛　その点、「パーソナルモビリティ」は名前がよくないな。

堀江　だから何か新しい言葉にしないといけないと思う。思いつきですけど、現代の馬「ロボホース」とか。そうしたらトヨタみたいな会社も、「やべえ、うちもロボホースつくんなきゃ」みたいになると思うんですよ。でも、それまでにシャオミみたいな中国系の会社が先を行くと思いますけど。ドローンの「ＤＪＩ」（深圳市大疆創新科技）も数年前までは完全に無名な会社でしたもんね。

成毛 ドローンも、この数年ですごく進化している。

堀江 僕がやってる「堀江貴文イノベーション大学校」っていうオンラインサロンは、会員が900人くらいいるんですけど、「一般社団法人日本ドローンレース協会」を立ち上げて、国内大会をやってます。今度、企業チームも巻き込んで「Dリーグ」っていうのをやるんですよ。

成毛 ドローンの操縦、結構難しいでしょう。

堀江 動体視力がいい子供のほうが、操縦はうまいですね。

■イーロン・マスクの狙い

成毛 自動運転については?

堀江 自動運転を普及させるには、個別の技術より社会全体のマネジメントシステムが必要でしょうね。

成毛 確かにそれさえできれば、すぐに実用化しますね。高速道路でトラックを隊列走行させるくらい、すぐにできます。

堀江　そうなると、自動車業界は完全に崩壊しますよね。組立てメーカーは付加価値を持てなくなって、勝てるのはキーデバイスとそのマネジメントシステムを持っているメーカーだけになる。ソフトウエアの技術を持つメーカーが寡占する構造になるでしょうね。

それは既定路線で、その後をどう再構築するかだと思いますけど。僕は、ウーバーが正解だったりするのかなと思います。トヨタが手を打つとするなら、ウーバーのライバルを買収すべきです。トヨタは燃料電池の技術力が高いので、それを使った家庭用のエネルギー管理システムをつくることもあり得る。

今の自動車メーカーのコアバリューは「高温の流体」という、扱いの難しいものを扱うことの経験。つまりエンジンなんかの内燃機関を鋳造する技術なので、簡単につくれる電気自動車にしたくないんですよね。電気自動車はコンピュータとモーターとタイヤがあれば走るから、そこじゃ差別化できない。いずれパソコンのようにコモディティ化して簡単に組み立てられるようになります。スクーターレベルの電気自動車なら、フォックスコン（アップルのｉＰｈｏｎｅとｉＰａｄを下請け生産する台湾企業）に設計して発注したらすぐつくってくれますよ。

成毛 僕はもともと自動車業界にいたから、経験則でしかできないことが参入障壁になっているのはわかっていたけど、電気自動車にはもう勝てないことは、自動車業界の中にいる人のほうがよほどわかっているんじゃないかと思う。

堀江 そう思いますよ。僕らはロケットの開発をしていますが、宇宙にはまだ技術的に電動ではたどり着けない。化石推進ベースの力が必要になるので、電気自動車が普及して自動車業界の技術者が居場所を失う近未来は大歓迎です。彼らの内燃機関の技術をロケット開発に活かせますからね。

ああ、だからそこも全部、イーロン・マスクの構想内なのかもしれない。（米宇宙開発ベンチャー「スペースX」のイーロン・マスクCEOは、火星移住のための交通システムの整備計画を発表している）。

成毛 どういうこと？

堀江 人類が地球から脱出しようと思ったら、ロケットに頼るしかないんですよ。

成毛 軌道エレベーターは？（地球上から宇宙の静止軌道上まで通じるエレベーターのこと）

堀江 あれは、地球に向いていないんですよ。

成毛　カーボンナノチューブをそこまで長くできない、と。

堀江　それに、地球の周りには人工衛星が飛びすぎているので、それにぶつからないようにするのはかなり大変です。だから、軌道エレベーターが有望なのは火星です。

成毛　衛星がほとんどないしね。

堀江　そうそう。イーロン・マスクは火星移住計画を掲げてますけど、軌道エレベーターをつくるところまで考えているんじゃないかな、と。

成毛　あるかもね。

堀江　イーロン・マスクがやっているスペースXの新型エンジンって、液化メタンと液体酸素を使ったメタンエンジンなんですよ。1段目のロケットも2段目のロケットもそれでつくって、とりあえず火星に無人のプラントを送る。何のプラントかというと、火星にある水と二酸化炭素でメタンをつくってためるプラントです。

その燃料を軌道エレベーターに乗せて軌道上のプラットフォームに送ってやれば、そこにいる探査機はそれを燃料に動き続けられますよね。わざわざ火星に戻る必要がない。ただ、これはNASAで火星探査をやっている連中は嫌がってますけど。慎重にやるべきだと言ってました。

成毛 イーロン・マスクが「テラフォーミング」（人類による火星の地球化）をしようとしているとか言い出すんでしょう。

堀江 とんでもないことをはじめた、と。でも、そんなことを言っていたら、いつまでも進みませんよ。とにかく、ロケットはまだ化石推進ベースの力に頼るしかないんですけど、それこそまさに高温の流体を扱う世界。自動車のエンジニアの専門分野です。だから電気自動車の普及で彼らの仕事がなくなってこちらの業界へ来ることになるのなら、これは歓迎すべき動きですよね。そこまで考えて、テスラモーターズの電気自動車で世界を席巻して、自動車産業で内燃機関をつくっている人を全部、ロケットに持ってこうよと思ってるんじゃないですか、イーロン・マスクは。

パティシエが鮨をイノベーションする

成毛 今日はあまり一つひとつの技術について詳しく解説してこなかったけど、文系を自称している人にもこのくらいの話題にはついてきてほしい。

堀江 僕はずっと昔から、文系理系の区別がわからないんですよ。

成毛　大学の卒業学部で分けてるだけだから、本質じゃないよね。

堀江　僕だって東大じゃなきゃ、どこの医学部だって受かりましたよ。全然関係ないでしょう。

成毛　その話は鈴木寛さんとの対談と共通している。

堀江　今まで僕らが話してきたことに、文系も理系も関係ないですよね。そんなに難しい話、してないし。

成毛　そんなことより、新しい技術に関心があるかないかの違いが、決定的。

堀江　あと、学校の先生がチャレンジさせないでしょう。地方の公立校のトップクラスの生徒はみんな東大に受かるポテンシャルがあるのに、進路指導の先生は、浪人を嫌がるから地元の国立大学をすすめる。生徒の能力を150％引き出すようなことをしないで、絶対失敗させない教育をする。そうされたら、そりゃチャレンジしなくなりますよ。自分の枠を超えて何かをやろうという意欲なんて、湧いてこない。

たとえば「すきやばし次郎」（オバマ大統領も食した高級鮨店）で修業をすると、卵焼きを焼けるようになるまでに3年かかるそうです。そこで修業した職人は、後生大事に「これが次郎の卵焼きです」ってやる。これは、イノベーションが止まった世界です。

「城助《じょうすけ》」っていう鮨オタクがやっている神戸の鮨屋は、チーズケーキみたいな、しっとりしているけど甘ったるくない卵焼きを出すんです。この焼き方をアドバイスしたのは、「小山ロール」っていう関西で有名なスイーツを開発したパティシエの小山進さんです。

小山ロールが画期的なのは、普通のロールケーキは焼いた面を内側にして巻くけど、焼いた面を外側にしているところ。普通、焼いた面を外にするとカステラみたいに包装パッケージにくっついちゃうんですけど、ある条件で焼くと、くっつかなくなる。その条件を見つけ出したから、外にして巻けて、それがバカ売れしたんですよ。

パティシエの世界は完全に化学の世界。きっちり計量して実験もしているから、小山ロールや城助の卵焼きのアイディアも浮かんで実現もできる。もちろんチャレンジすれば失敗することもあるけど、すきやばし次郎と、どっちがイノベーティブですかね。

第6章

残酷な10年後に備えて今すぐ読みたい本

『楽観主義者の未来予測』（早川書房）

ピーター・H・ディアマンディス、スティーヴン・コトラー著、熊谷玲美訳

人口爆発、伝染病の世界的流行、地域紛争、地球温暖化など世界レベルのさまざまな困難を予測する人は多い。しかし、世界はよくなる一方ではないかと問題提起するのが、本書の著者のひとりで、宇宙開発事業に多額の懸賞金をかけることで有名な「Xプライズ財団」のディアマンディスだ。

ディアマンディスは「90億人の人々が、清潔な水と、栄養価の高い食べ物、手ごろな価格の住宅、個人別の教育、最高水準の医療、そして汚染の原因とならない、遍在するエネルギーを手にしている世界」が到来すると予測している。それはどうしたら現実のものになるのかを説得力豊かに説き明かす。テクノロジーへの信頼がなければ、人類は中世に戻ってしまうだろう。

『科学は、どこまで進化しているか』（祥伝社新書）

池内了著

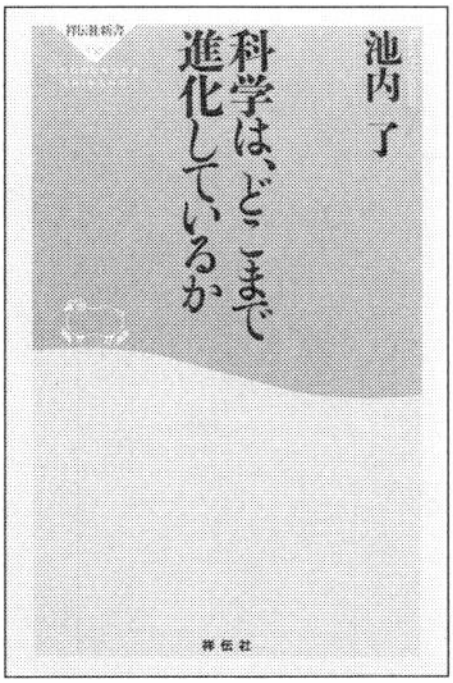

宇宙に終わりはあるか、火山爆発の予知は可能か、ヒッグス粒子とは、iPS細胞とは、がん研究はどこまで進んでいるか、人類が滅ぶとしたら原因は何かなど6分野48項目について宇宙物理学者が解説する。

現代のサイエンスとテクノロジーの進展具合をひと通りつかんでおきたい人には、最適の1冊だ。テーマが多いので広く浅くかと思いきや、それぞれのトピックが深く掘り下げられて解説されており、著者の手腕に驚くばかりだ。少なくとも中高生は必読書として、本書を学習にとり入れるべきだ。

『サイエンス異人伝』（講談社ブルーバックス）

荒俣宏著

20世紀に突如として現れた発明品と発明者の伝記を読み解く。第一部は、19世紀からヨーロッパの新しい科学立国を目指したドイツの物語を、第二部は、そのドイツに学んで科学をビッグビジネスに導いたアメリカの物語を描く。

どちらも１９９１年から93年にかけて、著者が現地の博物館を訪ねた取材をベースにしており、25年前後たっているものの、歴史探訪的なエッセンスなので古くささはまったく感じられない。科学にすら避けがたかった「非合理的な人間ドラマ」を通して、社会と影響しあった科学の裏面を紹介する。

『スーパーヒューマン誕生！』（ＮＨＫ出版新書）

稲見昌彦著

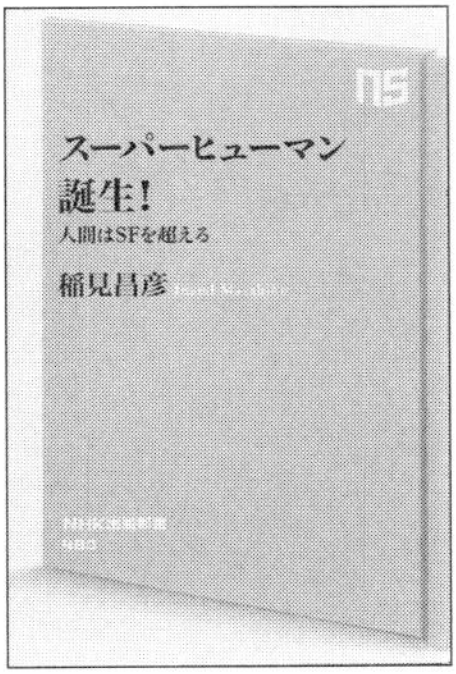

著者は、人気ＳＦコミック『攻殻機動隊』に登場した、物体を周囲から見えないようにする「光学迷彩」という技術を実際に開発した「人間拡張工学」の第一人者だ。人間拡張工学とは、人間の運動機能や感覚を拡張することで光学的に〝スーパーヒューマン〟をつくり出す学問である。

本書では『スター・トレック』などＳＦ小説やアニメのたとえ話を交えつつ、未来の人間という難しい話をわかりやすく解説している。

身体が物理的な制約から解き放たれて「ポスト身体社会」が実現するとき、未来はどうなっているのか。着実にテクノロジーが進展して〝ＶＲ元年〟となった２０１６年、拡張する身体、サイボーグ化する人間、分身ロボットという、身体にまつわる新たな展開がはじまろうとしている。

『魔法の世紀』(PLANETS)

落合陽一 著

1987年生まれの著者は、筑波大学情報学群情報メディア創成学類卒、東京大学大学院学際情報学府博士課程修了で「現代の魔法使い」と呼ばれている研究者だ。人間と自然とデジタルリソースがシームレスにつながる世界観を提唱しており、まさにSTEAMを自らが体現している。

コンピュータの発明から70年あまり、画面内の現実を共有する「映像の世紀」は終わりを告げ、環境に溶け込んだメディアが偏在する「魔法の世紀」が訪れる時代を予見しているのだ。

アメリカのベンチャー経営者がテクノロジー一辺倒の中、日本にはアートをとり込んださらに一歩先を進む人がいることを知っておきたい。

『バッテリーウォーズ』（日経ＢＰ社）

スティーヴ・レヴィン著、田沢恭子訳

リチウムイオン電池は電気自動車、スマホ、ドローンなど先端機器に必須の「要素技術」だ。本書はその開発現場における競争や葛藤を克明に調べ上げ、読みごたえのあるノンフィクションになっている。

現在、二次電池の開発は、リチウムイオン電池から全固体電池へと変化しつつある。その開発競争は日米欧中に分散して熾烈を極めている。数年でリチウムイオン電池は、過去の技術になる可能性があるのだ。

「巨人の肩に乗る」というのは科学者の常識だ。過去の誰かの研究成果があってこそ、今の研究ができるというわけだ。技術も同様であり、技術史を学んでおくことは未来を予測することにもつながる。本書はその最適なテキストだ。

『ＡＩの衝撃』（講談社現代新書）

小林雅一 著

ＡＩに関する知識を仕入れようと思ったら、本書を最初に読むべきだ。出版されたのは２０１５年３月だが、内容は古びない。というよりもＡＩの研究は企業などの奥深くで着々と進行し、外部には見えないようになってきている。とりわけ、グーグルやフェイスブックなどアメリカの巨大企業でのＡＩの研究は計り知れないものがある。

本書は、企業がビッグデータを集めるために、ＡＩを搭載した自動運転車などロボットを無数に出現させることを予測し、日本がどう対処するべきかを考えさせてくれる。ＡＩは人間が近代科学技術に目覚めたときからの必然であり、核技術と同様に共存するしかない。であるならば、早めに正しい知識を仕入れておきたいものである。

『フューチャー・オブ・マインド』（NHK出版）

ミチオ・カク著、斉藤隆央訳

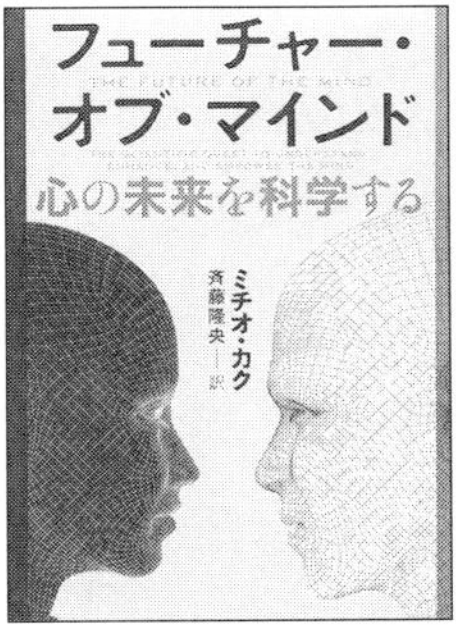

心や意識とは一体何なのか、念じるだけでモノを動かせるか、記憶のダウンロードは可能か、人間だけでなく異星人の心や意識はどんなものか。理論物理学の権威が、最大の謎とされる心をテーマに物理学の限界を踏まえながら科学的見地で語っている。

「頭がいい」と言うことがあるが、それは現在の状況にさまざまな変数を入れて、そこから将来がどのように変わっていくかを推測できる能力だとされる。

ＳＦ小説に通じる発想だが、実際に脳機能を調べるときに夢を映像としてとり出すとか、他人の脳に違う記憶を植えつけるといった、現実離れした実験も行われている。

『人間さまお断り』（三省堂）

ジェリー・カプラン著、安原和見訳

シリコンバレーのＩＴ起業家が、ＡＩによって「人間さまお断り」の時代が必ずやってくるという前提で、人間はどうすればいいかを説いている。

ＡＩに法的な人格を与えるか、ＡＩが人間の仕事を代替してしまう雇用をどうするか、ＡＩを使う側と使われる側の新たに生まれる格差問題などを、株取引の自動化や自動運転車など現状を踏まえながら予測している。

大切なことは、やはり教育の内容を変えることだ。今ある仕事がＡＩに置き換わるこの先、子供たちの教育はもとより、すでに社会人となっている大人も発想を転換し、学び直す必要がある。

『図解よくわかるナノセルロース』（日刊工業新聞社）

ナノセルロースフォーラム編

世界中で注目されているセルロースナノファイバー（CNF）の研究動向など、産官学の最前線を数々のデータとともにわかりやすく図解している。

CNFの製造法、分析・解析法、成形加工、表面改質、高機能化、利用法まで、ひと通り学ぶことができる。多くの大企業が注目し、投資している素材だけに、技術研究畑の人はもちろん、一般のビジネスパーソンにも強くおすすめしたい。

投資家視点で読んでみることもおすすめだ。何しろあらゆる産業で応用が可能な次世代素材だけに、CNFのトレンドに触れるだけで、企業の技術革新への意欲が透けて見えて面白い。

『マテリアル革命』（ニュートンプレス）

ニュートン別冊

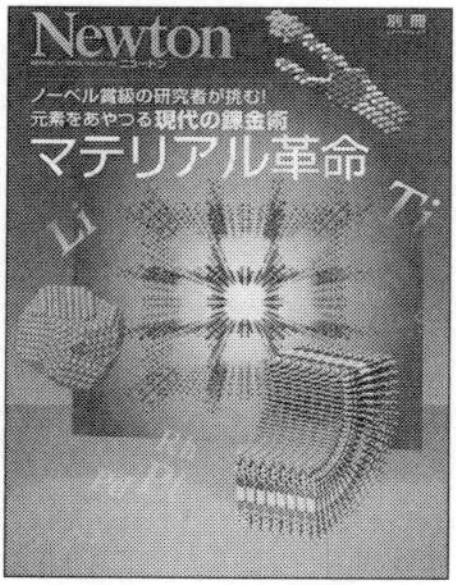

ネオジム磁石やリチウムイオン電池を生むマテリアル（材料）が開発されなければ、今や私たちの生活の必需品となっているスマホなどの小型機器は生まれなかったであろう。

新しいマテリアルの誕生は、私たちの生活に革命的な変化をもたらすのだ。

これまで社会に変革をもたらしたマテリアル、そしてこれから変革を起こす可能性のあるマテリアルの数々を、定評のある科学雑誌『ニュートン』らしく、わかりやすい絵解きを交えながら紹介している。ノーベル賞受賞が期待されている研究者も多く登場し、マテリアル研究の現状を伝える。

『トコトンやさしいセンサの本』（日刊工業新聞社）

山﨑弘郎著

スマホにはGPSセンサー、ジャイロセンサー、加速度センサー、照度センサー、近接センサーなど少なくとも10個近くのセンサーが組み込まれている。自動車に至ってはエンジンだけでも10個以上、車両制御やボディ制御などを合わせると１００個近いセンサーが使われている。

本書はセンサーテクノロジーの最前線を見据えて実例を示しつつ、人と機械の情報交流、MEMS（微小電子機械システム）、センシング・インテリジェンスの活用、健康とセキュリティのセンサーなど解説する。ちなみにセンサは「センサー」と同じ意味で表記法の違いである。

『これからのMEMS』（森北出版）

江刺正喜、小野崇人著

ＭＥＭＳ研究における世界的権威が、はじめて解説した『はじめてのＭＥＭＳ』の続編である。

情報処理を担う集積回路にＭＥＭＳを組み合わせる「ヘテロ集積化」のテクノロジーによって、これまで以上に高機能なデバイスやセンサーがつくれるようになるのだ。次世代携帯機器、光マイクロシステム、バイオ・医療、製造・検査などＭＥＭＳは幅広い応用が期待されている。

そうした応用やニーズ面、開発の実際などをとり上げて具体的に解説している。ちょっとマニアックなテーマではあるが、この先押さえておきたいテクノロジーであり、ＭＥＭＳの概要から現状まで学ぶ最適の書である。

『カラー図解EURO版バイオテクノロジーの教科書』（講談社）

ラインハート・レンネバーグ著、小林達彦監修、田中暉夫、奥原正國、西山広子翻訳

ユーロ圏をはじめ、アメリカの大学でも採用されている世界標準のバイオテクノロジーの教科書だ。欧米では一般教養の教室で使われているのだから、日本も安穏としてはいられない。

上巻ではバイオテクノロジーの起源ともいえる発酵の歴史と酵素の働き、バイオテクノロジーの基礎技術となった遺伝子工学について説明する。下巻では病気の原因となるウイルスの正体とウイルスから身を守るためのワクチンの開発、遺伝子操作による分子の働きからその応用までが触れられている。

カラー版で図版が充実していて、なおかつ研究エピソードも興味深いので、バイオテクノロジーについて詳しくない一般人でも楽しみながら学習できるだろう。

『スマートマシン』（洋泉社）

林雅之著

「スマートマシン」とは、ロボットや自動運転車など、AIによって自律的に動くことができる機械を意味する。AIというソフトウエアが自らデータを集めて、それを解析し、機械というハードウエアが自律的に行動する。そのソフトとハードが一体化したマシンだ。

自己学習機能を持つスマートマシンによって利便性や生産性が向上するが、一方で人間の仕事を代替するようになり、失業問題などを生み出す。今後30年のスパンで世界がどのように変革していくのか。そのプラスとマイナスの両面をマクロデータとともに推測する。

AIの進化によって、やはり現在の教育を変える必要性についても触れている。

『まるわかりインダストリー4・0』（日経BP社）

日経ビジネス編

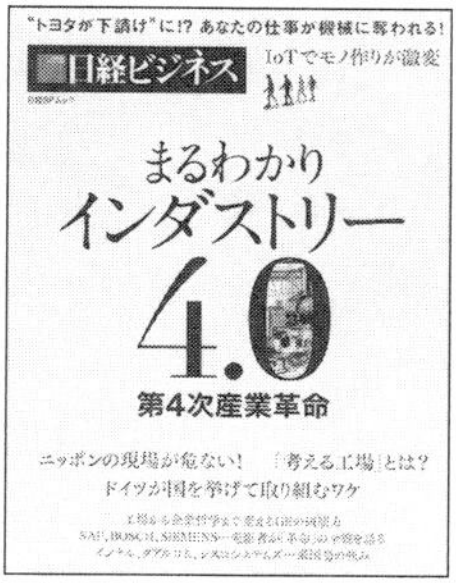

今や流行り言葉のように使われている「インダストリー4・0」だが、何となくわかっているつもりでも、きちんと理解していない人が多いように思う。そんな人が体系立って学ぶのにおすすめだ。

アメリカのGE、官民一体でとり組むドイツ、巨額資金を投入するインドなど諸外国の事例に触れつつ、欧米企業のトップインタビューやコンサルタントの分析も交えている。今起きている第4次産業革命のキーデバイスはAIとセンサーだとされるが、それは従来の大量生産から個別の大量生産に欠かせないからだ。激変する時代に求められる働き方を考えるひとつのきっかけになるだろう。

『ゼロ・トゥ・ワン』（NHK出版）

ピーター・ティール、ブレイク・マスターズ著、関美和訳

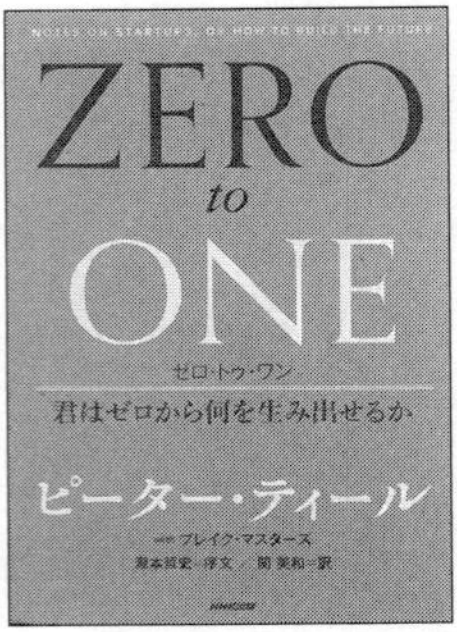

アメリカの決済大手ペイパルの創業者のひとりにして、フェイスブックやスペースXなど数百社のベンチャーを立ち上げてきた投資家が、母校スタンフォード大で行った起業論の講義録だ。

シリコンバレーは２００１年にネットバブルが弾けて萎縮した時期がある。そのとき著者は、あえてもう１度、ベンチャー精神を学生たちにたたき込もうとしたようだ。どのような思考法でどのようにとり組むべきか。生きることと働くことの境目をなくすこと。孤独に負けないことなど哲学的な要素も含んでいて、はっとさせられることだろう。

『アテンション』（飛鳥新社）

ベン・パー著、依田卓巳、依田光江、茂木靖枝訳

21世紀の「AIDMA理論」とでも言うべき内容であり、しかも今すぐ役立つマーケティングの教科書だ。それほど有用だと思われる示唆が満載である。

注目とは何か、どうすれば注目を集められるか。注目されるには、即時（瞬間的な反応）、短期（数分から数時間、長期（はるかに長いスパン）という3つの段階があることを示し、それぞれのトリガー（戦略）ごとに章立てしている。

本書を推薦書に選んだ理由は、日本人技術者が素晴らしい製品をつくり出しても、拙いマーケティングにより人びとの興味を引くことができずに自滅するケースが、繰り返し見受けられるからである。

『限界費用ゼロ社会』（NHK出版）

ジェレミー・リフキン著、柴田裕之訳

文明評論家が経済のパラダイム転換から未来の予想図までをこと細かに描いている。ＩｏＴ（モノのインターネット）が、コミュニケーション、エネルギー、輸送という3要素を統合する役割だと位置づけているところが興味深い。それが生産性を極限まで高めて、モノやサービスの供給にかかる追加的な費用（限界費用）をゼロにする。

そうなれば、理屈の上ではモノやサービスの値段もゼロになり、現状の資本主義社会は成り立たなくなる。そして、共有型経済（シェアリングエコノミー）という新たな仕組みが舞い降り、人びとが協働で生産し共有し管理する新しい「共同型コモンズ」という社会が21世紀に実現するとしている。ところでピーター・ティールの本もそうだったが、「ゼロ」がアメリカ出版界のバズワードなのかもしれない。

『科学検定公式問題集』3・4級、5・6級（講談社ブルーバックス）

桑子研、竹田淳一郎著、竹内薫監修

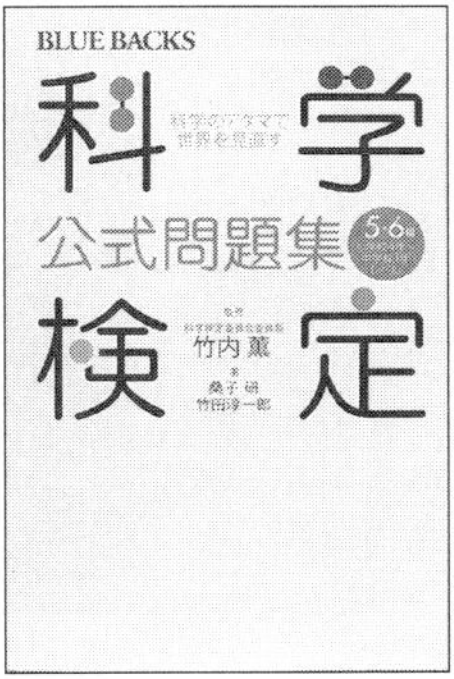

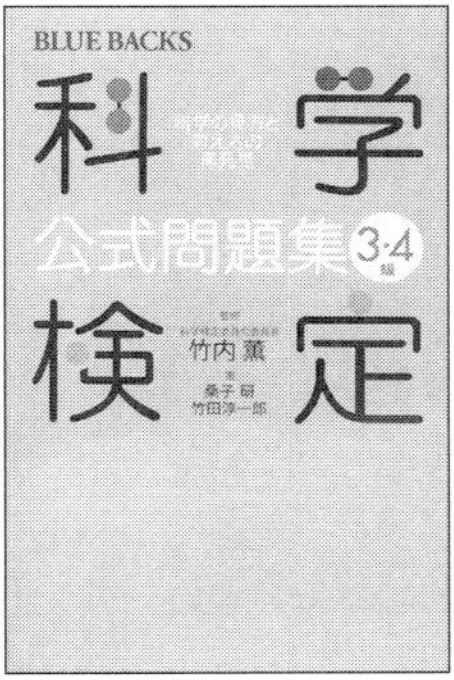

おおまかに5・6級は小学4年生〜中学1年生、4級は中学低学年、3級は中学高学年から高校低学年レベルの内容とされている。この時期が科学教育において、とても大切な時期だと考えられている。小学校では科学好きだった子が、中学、高校へ進むにつれて科学嫌いになってしまうのは、受験のための丸暗記が原因ともいわれる。

科学検定は、受験の丸暗記という現実を受け入れつつも、本質的に大切な「考える楽しさ」を重視する問題からなっている。

もちろん中学・高校以上の大人にとっても、考える楽しさを再発見するきっかけになるだろう。

『銀河ヒッチハイク・ガイド』（河出文庫）

ダグラス・アダムス著、安原和見訳

１９７８年にＢＢＣ（英国放送協会）のラジオドラマの脚本として執筆され、翌年、小説化しベストセラーとなった。

銀河バイパス建設のため、ある日突然、地球が消滅してしまう。ごく平凡な英国人アーサー・デントは、地球最後の生き残りとなった。そして、たまたま地球に居合わせた宇宙人フォードと、宇宙でヒッチハイクをすることになる。

シュールでブラック、途方もなくバカバカしいＳＦコメディの傑作である。本書を愛読する電気自動車（ＥＶ）大手の米テスラモーターズＣＥＯのイーロン・マスクは、宇宙開発ベンチャーのスペースＸを立ち上げ、真剣に火星移住計画を画策している。

『エンダーのゲーム』（ハヤカワ文庫ＳＦ）

オースン・スコット・カード著、田中一江訳

　エンダーとは主人公の名前だ。アナログ誌１９７７年８月号に掲載された短編「エンダーのゲーム」を長編化した本書と、その続編『死者の代弁者』で２年連続してＳＦ関連の「ヒューゴー賞」と「ネビュラ賞」を受賞した名著である。未来の地球は、昆虫型異星人バガーの２度にわたる侵攻をかろうじて撃退した。バガーは地球人の呼びかけにまったく答えようとせず、容赦なく人類を殺戮《さつりく》する。地球人は、優秀な艦隊指揮官を育成して３度目の侵攻に備えるため、地球の衛星軌道上に「バトル・スクール」を設立した。

　そこでコンピュータゲームから無重力訓練エリアでの模擬戦闘まで、あらゆる訓練で最高の成績を収めた天才少年エンダーの成長が描かれている。マーク・ザッカーバーグの愛読書である。

『異星の客』（創元SF文庫）

ロバート・A・ハインライン著、井上一夫訳

1961年に書かれ、SFファンのみならず、全米のヒッピーたちのバイブルと化した異色のSF大作だ。SF関連の「ヒューゴー賞」「ローカス賞」を受賞している。

宇宙船ヴィクトリア号が連れ帰った火星から来た男マイクは、火星に生き残った唯一の地球人だ。火星人の考え方を身につけているマイクが地球にやって来て、地球人にはないさまざまな能力を発揮する。

その後、地球の宗教に興味を抱いたりしつつ、周りに大きな影響を与えながら物語は展開していく。政治や宗教、性などさまざまなエッセンスが盛り込まれており、文庫で781ページもあり、かなり読みごたえがある。

本書の「グロク」という言葉は、オックスフォード英語辞典に掲載されるほど話題になった。

『順列都市』（ハヤカワ文庫ＳＦ）

グレッグ・イーガン著、山岸真訳

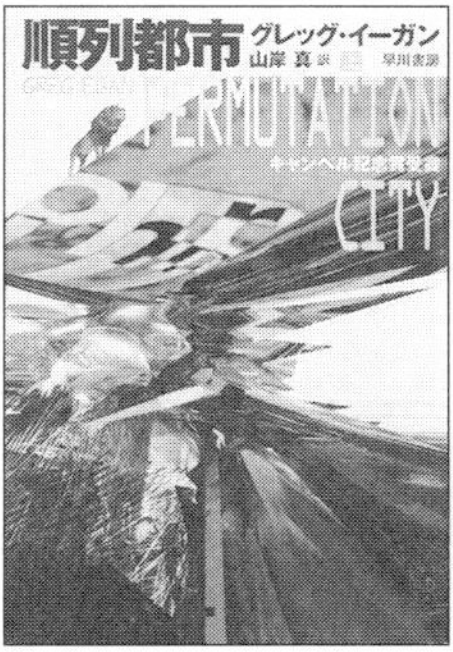

量子力学やナノテクノロジー、数学、宇宙論などを扱うハードＳＦを描くオーストラリア人作家の作品で、１９９４年に発表され、ＳＦ関連の「ジョン・Ｗ・キャンベル記念賞」「ディトマー賞」を受賞している。記憶や人格などをスキャニングして、コンピュータにコピーすることが可能になった21世紀半ば、コピーとなった富豪たちが、コンピュータが止まらない限り「死」のない存在として、世界を支配していた。

たとえ宇宙が終わろうと、コンピュータの電源が切れようと、永遠に存在し続けられる方法があると提案する男が現れた。イーガンならではの奇想天外なアイディアが肝となるストーリー展開に、創造力がかき立てられる。

『しあわせの理由』（ハヤカワ文庫ＳＦ）

グレッグ・イーガン著、山岸真訳

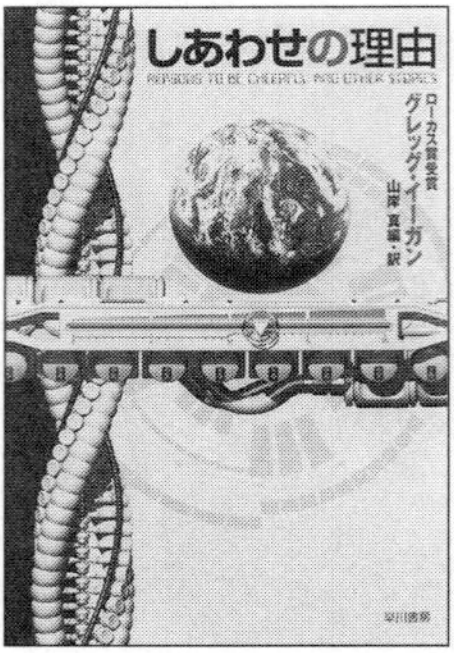

『順列都市』と同じ著者の作品で、２００１年に発表された。全９編を収録した日本版オリジナル短編集となっている。その中の１編「適切な愛」は、事故で身体を失ってしまった夫の脳を、新たなクローンボディが成長するまで、自分の腹の中で生かしておかなければならなくなった妻のストーリーだ。

「移相夢」は、脳をスキャニングしてロボットの中でコピーとして生きることになった老人のストーリーだが、『順列都市』でも使われた「コピー」や「グレイズナーロボット」が登場する。表題となっている「しあわせの理由」は、脳内の化学物質によって感情を左右されてしまうことの意味を探る。

『星を継ぐもの』（創元SF文庫）
ジェイムズ・P・ホーガン著、池央耿訳

1977年に発表されたホーガンのデビュー作で、ハードSFに分類される。日本では「星雲賞海外長編賞」を受賞している。

月面調査隊が謎の死体を発見し、地球に戻って調査すると、その死体はほぼ現代人と同じ生物なのだが、5万年以上前に死んでいたことがわかった。

物理学者や生物学者、言語学者など各分野の専門家が集結し、仮説と検証を繰り返しながら、その謎に挑む。人類そのものにまつわる壮大な謎解きになっている。もちろん完全な作り話なのだが、登場人物の科学者たちが繰り返し行う、仮説と検証のプロセスが心地よく感じられる。

もしかして科学のプロセスを学習するのに最もよいテキストのひとつかもしれない。

コラム　ガソリン車の復権？

2016年、私は以下のふたつのニュースに注目した。

ひとつは、日産自動車が世界ではじめて量産型の「可変圧縮比エンジン」を開発し、同社の高級車セダン「インフィニティ」ブランドに搭載するというものだ。

可変圧縮比エンジンの詳しい仕組みについてはサイトを見てもらうとして、私が目をつけたのはディーゼル車並みの燃費効率の高さだった。

くしくもトヨタ自動車は同年6月に、太陽光パネル（ソーラールーフ）により発電し、その電力を駆動用バッテリーや12V《ボルト》のバッテリー系統へ供給する新型の電気自動車「プリウスPHV」を発表したばかりだった。

その中で私が可変圧縮比エンジンに注目したのは、改善されたバッテリーと駆動系にある。よりシンプルにいうと、燃費がよくなったことだ。

こうなると、電気自動車（EV）は厳しい状況に置かれるかもしれないと思った。走行距離が短いEVよりも、燃費が格段によくなったガソリン車やハイブリッド車のほうが便利で、なおかつリーズナブルになってくるかもしれない。

するとＥＶの普及に賭けてバッテリー開発をしてきた各企業は、苦境に立たされる可能性が出てくる。ＥＶの研究開発費と収益のバランスが悪化しかねない。

もうひとつ注目したのは、同じバッテリー関連のニュースだった。パソコンやスマホに使われるリチウム電池の電解質を、水をベースに作ることに成功したと東京大学が発表した。

航空各社は現在、リチウムイオン電池の機内への持ち込み、および預かりに制限を設けている。リチウム含有量が８ｇを超えるか、ワット時定格量が１６０Ｗ《ワット》時を超えるものは、持ち込みも預けることもできない。

なぜなら電解質に有機溶媒が使われているため、爆発の恐れがあるからだ。その電解質が水になると、爆発の恐れがなくなるどころか、原材料費が大幅に下がるだろう。

このようなルールチェンジングな発明は、実用化の日が待たれる。

終章

ゲームで遊ばないような奴に明日はない

プレイステーションVRが人生の分かれ道？

２０１６年10月、ソニー・インタラクティブエンタテインメントが家庭で仮想現実（ＶＲ）を体験できるゴーグル型のゲーム機器「プレイステーションＶＲ」を発売した。あらためて説明する必要はないかもしれないが、プレイステーションＶＲとは「プレイステーション４」につなげて遊ぶための視覚装置だ。

ゴーグルのように頭部に装着すると、３６０度の映像空間が出現する。３Ｄオーディオとの連携によって、目の前に広がる映像の中に入り込んでプレイするような臨場感を味わえるのだ。

そこが自宅のリビングだろうがマンガ喫茶の個室だろうが、大西洋をゆくクルーズ船からの風景やゆっくりと太陽が落ちるサバンナの景色、シンガポールの夜景など、クルマで疾走しながら、鳥になって大空を羽ばたきながら、じつにリアルに体感しながらゲームを楽しめる。

さて、なぜ突然、ゲームの話をしだしたのか。

このＶＲをいち早く体感した人と、そうでない人とでは、ほんの数年先に格差が生まれかねないと思っているからだ。

ちょっと大げさかもしれないが、これが人生の分かれ道、分水嶺《れい》とさえ言える。

何事もそうだが、ＶＲも実際に体感するとしないのとでは、距離感がまったく異なるものになる。

そして、ＶＲを日常的に体験する人にとって、ＶＲは当たり前のものとなる。

再三再四指摘してきたようにＡＩの飛躍的な進化により、今は当たり前のようにある仕事の多くが代替されるようになる。

ということは、今は当たり前のようなものがＶＲに代替され、それによって失われる仕事があり、新たに生まれる仕事もあることは容易に想像できる。

そんな時代にＶＲを最初に実用化したと言っていいゲームを「たかがゲーム」などと侮ってはいけない。

むしろ真っ先にＶＲのような先端テクノロジーを体感するようでなければ、ビジネスパーソンとしては生き残っていけないのだ。

勉強なんてしていないでゲームをしなさい

ＶＲを真っ先に体験し、ＶＲを当たり前のものとしてとらえられる感覚の人と、そうでない人とでは、その先に待っている未来の明るさが違ってくると思う。ＶＲを当たり前のものとしてとらえられると、ＶＲありきでいろいろなこと（新たな可能性やビジネスの種）を想像できるようになるからだ。

その一方で、ＶＲについてのニュースをウェブで眺めるだけの多くの人は、ＶＲの可能性を実感していないため、新たな可能性やビジネスの種につなげられない。「ＶＲなんて子供だましだ」などという意識を拭えないと、ＶＲとの共存が当たり前になる今後の世の中を想像できない。そして、いつの間にか時代遅れの過去の遺物のような人になるはずだ。

本人だけの問題ではない。その人の子供の世代で、大きな〝経験値格差〟が生まれるという負の連鎖にもつながりかねない。

ゲームは、今や子供の遊び道具にとどまらない。家庭で最新のテクノロジーを実感するための装置なのだ。

ちょっと話はそれてしまうが、ゲームを職業とする「プロゲーマー」がいるのをご存じだろうか。

世界には年収1億円を超えるプロゲーマーがゴロゴロいる。

賞金総額が10億円を超えるようなゲームの世界大会もあるし、スポンサー契約を結んで若くして巨万の富を得るプロゲーマーもいる。給料制の〝プロゲーマー・チーム〟さえある。

彼らは1日中ゲームをして腕を磨き、賞金の懸かった大会に出場。成績がよければ、給料の他に賞金というボーナスをゲットするわけだ。

ちなみに世界でも韓国が飛び抜けて強く、「オンラインゲーム大国」といわれており、ゲームの世界大会で何度も優勝している。外貨を稼ぐことになるので、それは彼らだけでなく、国にも富をもたらす。

日本では景品表示法やら賭博罪などによる制約があり、億単位の高額な賞金を出す大会を開けないのが残念だが、それでもゲームで生計を立てている人はいる。

つまりわが子を「ゲームなんかやっていないで勉強しなさい！」なんて叱っている

場合ではないのだ。

と、まあこれは少し極端かもしれないが、逆に「勉強ばかりしていないで、たまにはゲームでもしなさい！」はあながち間違いではない。

『日経サイエンス』２０１６年10月号の特集は「ゲームと脳」だった。副題は「ビデオゲームで認知力アップ、教育にも活用」である。ゲームの脳へのよい影響を研究した、日米欧の研究者たちの論文が掲載されている。

何もビジネスパーソンに今からプロゲーマーを目指しなさいと言っているわけではないし、子供をプロゲーマーに育てなさいと言っているわけでもない。

しかし、一般の会社員が、ゲームをしている暇があったら仕事をしたほうがいいなんていう旧態依然たる認識を変えられないとすれば、ビジネスパーソンとして未来はないかもしれない。

しつこいようだが、10年後、20年後には、今の仕事自体がなくなりかねない残酷な時代が待ち受けているのだ。

そんな時代に挑むには、ゲームは単なる時間つぶしだという認識を改め、最新のテクノロジーを体感できるチャンスだと考えるべきだ。

そもそも過去にはなかったサイエンスやテクノロジーの誕生を敏感にとらえた人物が、新しいものを創造し、それをいち早くビジネスとして軌道に乗せ、巨額の先行者利益を獲得した例は数え切れない。

誰もが巨万の富を築けるわけではないが、就職先として可能性のある企業を選ぶことくらいはできる。あるいは、落ちぶれていくことが確実な企業から逃げ出すことはできるだろう。ＳＴＥＡＭにアンテナを立てていないビジネスパーソンは、この先、現状維持さえ難しくなる。

車酔いするほどリアルなゲーム

２０１３年11月に発売されたプレステ４の販売台数は世界で３０００万台を超えているそうだが、そのプレステ４のゲームに『アンチャーテッド　海賊王と最後の秘宝』というものがある。

ハリソン・フォード主演の映画『インディ・ジョーンズ』と、「ファイト一発！」でお馴染みの「リポビタンＤ」のＣＭを足して２で割ったような、謎解きと絶壁登りの冒険を同時進行で進める宝探しのゲームだ。

宝探しはゲームの王道中の王道だが、アンチャーテッドが過去の多くの宝探しゲームと異なるのは、圧倒的な〝映像美〟にある。当然のことながらフルＣＧなのだが、とてもＣＧには見えない極上の出来栄えなのだ。

川の中を走る車、太陽の光を浴びて輝く髪、どれもがじつに自然で、知らない人がアンチャーテッドのプレイ中の映像を見たら、実写の映画と見まがうに違いない。ストーリーを進めて、崖の上など高いところを飛び越えるような場面は非常に怖い（そもそも私は高所恐怖症なのだ）。足がすくむほどの臨場感がある。

映像の描画に特化したグラボこと「グラフィックス・ボード」というパーツを備えたパソコンでプレイすれば、映像はよりいっそう滑らかになる。ちなみに現在最高の性能を誇るグラボは20万円を超え、消費電力も３５０Ｗと強烈だ。

パズドラやポケモンGO止まりになるなかれ

今やゲーム専用機では、ゲームをしているというより、自分が映画の主人公になってコントローラーで場面を自在に操っているような気にさえなってくる。

まさか、その映画のような感覚を味わうためだけにゲームをする人はいないだろうが、遊んでいるとテクノロジーの進化に嫌でも気づく。裏を返せば、遊んでいないと気づけない。

ゲームとのつき合いがゲームウォッチやファミコンで終わっている人、ツムツムやパズドラやポケモンＧＯ止まりの人。そういうものがゲームだと思っている人がいるのなら、さまざまな機会損失を生むことになる。

近未来につながる新たな発想やビジネスの種を得るチャンスを、みすみす逃しているようなものなのだ。

ゲーム好きが熱狂するようなゲームに、最新のテクノロジーが注ぎ込まれているのは、今にはじまった話ではない。

私は１９８０年代から90年代にかけてマイクロソフトにいたが、外から注目される商品はＯＳ（基本ソフト）のウィンドウズ、ワードやエクセルといったオフィスソフトだった。

それらは当たり前ながら、どんな非力なパソコンでも使えるように設計されていた。

ところが、ゲームは違う。

当時は快適にゲームをしたければ別売りのグラボを購入したり、ゲームに最適化したパソコンを〝自作〟したりするのが当たり前だった。

それは普通のパソコンではゲームをするのに力不足だったからなのだが、裏を返せばゲームこそが最先端だったと言える。

前述したグラボには、高性能グラフィックス・プロセッシング・ユニット（ＧＰＵ）が載っている。これが２０１５年10月、脚光を浴びた。

グーグルが開発したＡＩ「アルファ碁」が、世界トップの囲碁棋士を破ったことが話題になったのだ。

ＡＩは、自律的に学習することで賢くなるのだが、アルファ碁は囲碁の勝ち方を、１２０２基のＣＰＵと１７６基のＧＰＵを使って学習した。

つまり、かつてはゲームマニアだけが重宝していたＧＰＵが現在、ＡＩの能力向上に大きく貢献しているのである。

人間と対戦したアルファ碁は、言うなれば単体のコンピュータだ。この単体のコンピュータを強くするため、数多くの同型のコンピュータが駆使された。

コンピュータは、人間同士が戦った過去の棋譜を読み込んで学習した。

そして、学習したコンピュータ同士を戦わせることで、棋譜のデータ量を飛躍的に増やし、学習力を強化したのだ。

人間対人間の戦いなら、それがトップ同士の場合、何日間もかかることがある。しかし、コンピュータ同士であれば、あっという間に決着がつく。

結果的にコンピュータは1日に何万局という対局をこなし、過去の人間同士の対局では知り得なかった最強の対戦法を学習したのだ。

人工知能学会前会長で公立はこだて未来大学教授の松原仁氏は、日刊工業新聞の「ニュースイッチ」（http://newswitch.jp/）の記事でこう言っている。

「人間の棋士が打ってきた範囲を太陽系にたとえると、宇宙には別の恒星系や筋の良い星があるはず。アルファ碁の創造した新手は、太陽系を飛び出して新しい星を見つけたようなもの。太陽系とその近傍は制したが、宇宙のすべてを把握したわけではない」。

テクノロジーを体感するということ

ここでちょっとセンサーの話をしたい。

すべてのスマホには「ジャイロセンサー」が入っている。これによってスマホが東西南北どちらの方向を向いているのか、表になっているか裏になっているかがわかるのだ。

夜空に掲げると、そこに見えるはずの星空を表示するアプリがあるのも、着信して鳴り出したスマホを裏返すとサイレントモードに切り替えられるのも、このセンサーがあるおかげだ。

現在のジャイロセンサーは、Ｘ・Ｙ・Ｚという3軸の角速度で計測している。

そのジャイロセンサーに通じるテクノロジーをさかのぼれば、１９６９年に大型旅客機「ボーイング７４７」が就航したとき、それまでは潜水艦や大陸間弾道ミサイルなど軍事にしか使われていなかった「慣性航法装置」が導入されたことに端を発する。

この慣性航法装置の内部では、大型の円盤が常時3枚回転しており、電波に頼ることなく一定の3次元方位を測定することができた。

その測定データを、上下・左右・前後の加速度データと組み合わせることで、GPSがなかった時代に航空機の現在地を特定していたのだ。

この慣性航法装置は、スマホに比べると巨大な装置であり、価格も何千万円もした。しかし現在、スマホに搭載されている3軸角速度センサーの大きさは数㎜角であり、価格は100円を切ってしまった。たった数十円なのである。

繰り返すが、かつて半導体技術を駆使してつくられた何千万円もする慣性航法装置は、今では比較できないほど高機能なうえ、たった数㎜角・数十円になっている。

半導体の集積密度は18〜24か月で倍増するという「ムーアの法則」にのっとり、さらに小型化・低価格化・高機能化していくだろう。

近未来的には宅配便の伝票に組み込まれて、輸送時の現在地や荷物に加わった衝撃などをリアルタイムで知ることができるようになることも予想される。

続けて、センサーの話をしよう。

スマホの画面が、明るいところでは明るくなり、暗いところでは暗くなるのは、「照度センサー」がついているからだ。

通話中、スマホの画面に頰《ほお》が触れても誤動作しないのは、画面に顔が近づいていると判断する「近接センサー」のおかげである。

標準的なスマホには、他にも方位を計測するための「地磁気センサー」や、スマホを伏せると画面を暗くしたり起動したりする「傾きセンサー」「圧力センサー」などが搭載されている。

このようにスマホはセンサーの塊なのだ。これはあらゆるデータを集められることを意味する。

そのデータを高速CPUで処理すれば、スマホでできることはさらに増える。

少なからずの読者が「そんなことは知ってるよ」と思うことだろう。

しかし、こういったことをいまだにガラケーを使っている人たちは知らないし、実感もできていない。

ゲームをしていない人たちが今の画像処理を実感できず、これからやってくる世界を想像できないのと同じだ。

そのことは、1度立ち止まって踏まえておく必要がある。

スポーツ界もテクノロジーに着目

センサーは、スポーツの世界も変えようとしている。

２０１５年のラグビー・ワールドカップで強豪の南アフリカを倒し、「スポーツ史上の最大の番狂わせ」を実現した日本代表が、練習中も試合中もセンサーを身につけていることは有名だろう。

センサーは小さく、ウエアの中に装着している。そのおかげで選手一人ひとりの動きやトップスピードなどのデータを、リアルタイムで得ることができる。

このデータに基づいて、練習メニューを決めることもあるそうだ。

そのうち心拍数や体温など、「バイタルデータ」と呼ばれる生体情報も取得するようになるだろう。

最近は野球中継でピッチャーが投げた球速は、球種やストライクゾーンのどこに投げたかまで表示されることが増えている。

人間が見て手入力することもあるが、専門測定器を使って行うのが「PITCHf/x」というテクノロジーだ。球の回転から球種を判断している。

２０１６年に球団史上初、悲願のクライマックスシリーズに出場したプロ野球の横浜ＤｅＮＡベイスターズでは、球の回転数はピッチャーの疲労度の目安になるとして、続投させるか交代させるかの目安としているという。

継投のタイミングはゲーム結果を大きく左右するので、これを導入しているチームとしていないチームとでは、勝ち星に差がつくかもしれない。なお、東北楽天ゴールデンイーグルスは、バッティング練習にＶＲを導入するそうだ。

２０１０年、女子バレーボール日本代表は、ワールドカップで32年ぶりとなる銅メダルを獲得している。そのときに話題になったのは、真鍋政義監督が試合中つねに手にしているｉＰａｄだった。過去のデータを参照し、どういった攻撃や防御をするのかを決めている。

ここで言うデータとは、野球での出塁率やバレーボールでのスパイクのコースの傾向などである。

しかし、これからはリアルタイムのデータも参考にされるようになるかもしれない。

ラグビーでは今のところ、試合中にアメフトのようにインカムを使うことはできないし、アメフトでも試合では装着できるセンサーは脳しんとうの可能性を測るものなどに限られている。

リアルタイムのデータをもとに作戦を立てて、それを選手に伝えることはできないが、今後はルールがどう変わるかわからない。

Ｊリーグのサッカーにとり入れられるようになったら、運と勘だけでロトくじを買う前にサッカーのビッグデータ分析をするなど、やるべきことが増えるだろう。

ゲームをやらない奴は死す

ＶＲやらセンサーやらの話をしてきたが、ゲームもスポーツも、一見すると単なる趣味の範囲で、興味のない人にとっては、あってもなくてもよいもののように思えるかもしれない。

だから多くの親は、前述したように、わが子に「ゲームをする時間があったら勉強しなさい」「遊んでばかりいないで勉強しなさい」などと口にする。

子供の頃、そう言われたことのない人のほうが、少ないのではないか。

ゲームや遊びは悪で、勉強は善。それが世間の常識のようだ。

でも、目を覚ましてほしい。この先の残酷な時代を生き抜くには、5教科7科目の勉強や目の前の仕事だけに必死になるよりも、ゲームで遊んだほうが役に立つ。見知らぬ土地に流れている大河の支流の名前だの、歴史上の出来事の正確な年号やさほどでもない殿様の名前を暗記する暇があったら、ゲームやスポーツを通じて今まさに進化しつつあるサイエンスやテクノロジーを実感したほうがいい。

グーグルで瞬時に検索できることで脳を鍛えようとするよりも、ゲームで脳を鍛えたほうが確実に先につながる。

ゲームに触れていなければ、テクノロジーの進化や素晴らしさは実感できないし、スポーツも実際にやってみないと、そこにどのようにテクノロジーを組み込めるか実感が湧いてこない。それがどう高度化していくかも想像できない。

そこまで鈍感であることは少し、いや、かなりまずいのではないか。STEAMは、ますます生活に入り込んでくる。

これまで挙げてきたゲームやスポーツは、ただのわかりやすい例にすぎない。

大切なのは、実感だ。実感してから理解する。

それを遊びながら、楽しみながら繰り返していれば、この先、時代にとり残されることはない。

「どうやったらもっと滑らかな画像表示ができるだろう」「こういうデータをとるには、どんなセンサーが必要だろう」と考える人も出てくるかもしれない。

こうした〝ふとした疑問〟こそが、イノベーションのきっかけなのだ。

参考文献「米国における科学技術人材育成戦略」（千田有一）

著者略歴

成毛 眞（なるけ・まこと）

1955年北海道生まれ。中央大学商学部卒業後、自動車部品メーカー、アスキーなどを経て、86年日本マイクロソフト設立と同時に参画。91年同社代表取締役社長就任。2000年退社後、投資コンサルティング会社インスパイア設立。2010年おすすめ本を紹介する書評サイト「HONZ」を開設、代表を務める。早稲田大学ビジネススクール客員教授。

SB新書　375

AI時代《じだい》の人生戦略《じんせいせんりゃく》

「STEAM」が最強の武器である

2017年１月15日　初版第1刷発行

著　　者　成毛《なるけ》　眞《まこと》

発 行 者　小川 淳

発 行 所　SBクリエイティブ株式会社

〒106-0032　東京都港区六本木2-4-5

電話：03-5549-1201（営業部）

装　　幀　長坂勇司（nagasaka design）

編集協力　片瀬京子

組　　版　一企画

印刷・製本　大日本印刷株式会社

ISBN 978-4-7973-8821-3

SB新書

379
SMAPはなぜ解散したのか
松谷 創一郎
2016年末に解散する国民的アイドルのSMAP。商業誌から社会学論文まで幅広く執筆する著者が解散の原因や経緯、芸能界の構造、さらには日本社会との関連も追う。

378
あきらめる練習
名取 芳彦
悩みや境遇、負の感情などを積極的に諦めることで、心の重荷は軽くなり、新たな一歩を踏み出し、人生が好転する。悩める現代人に向け、仏教の智恵をやさしく指南する。

377
島田秀平が3万人の手相を見てわかった！「強運」の鍛え方
島田 秀平
3万人の手相を鑑定してきた著者が、運のいい人と悪い人の違いや共通項から「運の特性」をひもとき、「正しい運の貯め方・使い方」について解説する。

376
男子の作法
弘兼 憲史
島耕作シリーズなど数々のヒット作で男の生き様を世に放ってきた著者が70歳になろうとする今、これまで歩んできた人生を踏まえて、粋な男のふるまいを綴る。

374
知性の磨き方
齋藤 孝
真の知性とは「生きる力」そのもの。知性の力が改めて問われている今、誰もが訓練により高められるものとしての知性を鍛え、普遍的な力を手に入れる方法を説く。

373
発達障害の子どもたち、「みんなと同じ」にならなくていい。
長谷川 敦弥
発達に課題のある子どもたち約8000人が通う教室を運営する著者が、発達に凹凸のある子の伸ばし方や障害のない社会のつくり方までを提唱していく。

372
折れる力
吉田 照幸

30代前半までまったく芽が出ず、NHKを退職することまで考えていた著者が、「あまちゃん」などのヒットを飛ばし、会社を越えて仕事を成功させる秘訣を紹介する。

371
一気に同時読み！ 世界史までわかる日本史
島崎 晋

「同時に学び、理解する」をテーマに日本史を揺るがした40の出来事・事件を精選。それと同時期の世界史の主要なトピックスも並列して、つながりもわかるよう解説する。

370
日本人の9割が知らない遺伝の真実
安藤 寿康

「才能は遺伝がすべて」「勉強してもムダ」などと思われがちだが、それは誤解。俗説を解きほぐしながら、個人の生存戦略としても遺伝を真に役立てる方法を提起する。

369
教養としての「昭和史」集中講義
井上 寿一

山川出版社の教科書『日本史B 高校日本史』と対比しながら、「大事なのに触れられていないこと」「実は背景にこんなことが」という戦前昭和史を「教養」として読み直す。

368
長生きしたけりゃパンは食べるな
フォーブス 弥生、稲島 司(監修)

小麦（パン）を食べないだけで、あらゆる体の悩みをたった数日で解決できる。最新の医学的なエビデンスとともに、具体的で簡単にできる〈ズボラな人向け〉レシピも紹介する。

367
自分を「平気で盛る」人の正体
和田 秀樹

急増する自己愛性・演技性人間という存在。そういう人に魅了されたり、簡単に騙されたりする私たちやマスコミ。新たなパーソナリティの諸問題を、精神科医が鋭く分析する。

SB新書

366
51歳の初マラソンを3時間9分で走ったボクの練習法
鶴見 辰吾

経験なし、トレーナーなし、知識ゼロのランニング素人は、どうやって走力を伸ばし、初マラソンで3時間台前半という驚異のタイムを叩き出すことができたのか。全貌を初公開！

364
これ、いったいどうやったら売れるんですか？
永井 孝尚

会議でよく聞くあんな言葉、こんな言葉、すべてこの1冊でわかる。モノは売り方が9割。身近な8つの疑問からマーケティングの基礎を学ぶ。きっと明日から売り方が変わるはず。

363
心を動かす話し方
堀 紘一

講演5000回以上の著者が、仕事に、そして人生に効く戦略的話術の本質を説く。単に話し方を説くだけでなく、表現力につながる理解（読解）力と想像力を総合的に指南する。

362
スター・ウォーズに学ぶ「国家・正義・民主主義」
岡田 斗司夫

現代の政治を、私たちはどうやってとらえればよいのか。そもそも政治とは何を目指しているのか。この難問に対し、SFやアニメなどの創作を補助線に、わかりやすく解説する。

361
他人を引きずりおろすのに必死な人
榎本 博明

「人の不幸は蜜の味」というが、組織の中には「他人をひきずり落とす」ことに人生を賭けている人が一定数いる。そんな人に巻き込まれないための「傾向と対策」を指南する。

360
世界に通用する一流の育て方
廣津留 真理

一人娘が大分の県立高校から米ハーバード大に異例の現役合格。その背景には母親の〝非常識な教育法〟があった。世界レベルの〈非常識な〉学力の伸ばし方がわかる。